イタリア好きの好きなイタリア

義大利，不只有披薩

深入「慢半拍」的義式生活哲學

松本浩明＼著　萬田康文＼攝　蔡麗蓉＼譯

前言

獨立雜誌《我愛義大利》（イタリア好き）是我在日本發行的免費雜誌，自二〇一〇年起，每年發行四次。每次針對一個義大利的政區推出特集，以當地居民、生產者、傳統料理、鄉村料理為主要介紹對象，至今已發行過十二本雜誌。

我幾乎不會前往著名的觀光地區或名勝景點，而是在義大利鮮為外國人所知的土地上，邂逅默默無聞的當地人，為他們每一個人的生活模式感動不已。

這本書，將採取與《我愛義大利》獨立雜誌迥然不同的觀點，將《我愛義大利》獨立雜誌採訪時偶遇的人們、到訪過的魅力土地、初嘗的鄉村料理風味，全部集結成書，精選我印象最深刻的趣事、美食與風景。

這些內容，與義大利當地居民的邂逅緊緊牽連，令我想更多加接觸魅力無窮的義大利人，所以《我愛義大利》獨立雜誌的採訪，我會繼續進行下去的。

與我一同前往義大利採訪的萬田康文先生，所幸有他拍攝的美麗照片，正好補足單靠文字無法盡情描述之處，作了最完美的補充。

本書介紹許多日常的義大利以及義大利人的魅力，看完本書，若能讓各位興起念頭，想去認識不同以往的義大利，將令我倍感欣喜。

松本浩明

Ricotta
di pecora

目錄

※本書所刊載之住宿場所、餐廳等資訊，以2013年2月當時為準。

第一章　利古里亞

受人深愛的雷科佛卡夏

夾入新鮮的史特拉奇諾起司烘烤而成的雷科名產——薄片佛卡夏。
酥酥脆脆又滑順濃郁的口感，令人愛不釋口。

上餐廳吃佛卡夏

來到利古里亞（Liguria），不可不提的，就是早晨餐桌上一定會出現的佛卡夏（Focaccia）。對於利古利（利古里亞人）而言，佛卡夏這種食物非常特別。

不熟悉義大利菜的人，應該也曾耳聞佛卡夏，這是一種稍厚且鬆軟的義大利麵包，有些上頭還會撒上橄欖或蕃茄乾等配料。在義大利，利古利吃佛卡夏尤其頻繁。

「不過，雷科（Recco）的佛卡夏與眾不同。」

三詠女士嘴裡雖然這麼說著，卻並未向我說明雷科的佛卡夏到底長成什麼模樣，大概是想保留我嘗鮮的期待感吧？

三詠女士住在義大利，是位廚師，丈夫朱塞佩出身於利古里亞，從事葡萄酒出口生意。我委託他們二位，擔任《我愛義大利》利古里亞特集採訪的導遊一職。

雷科這座城市，位在熱那亞（Genova）往東行，海岸線南端的位置。

這裡擁有獨特的佛卡夏文化，也開設了許多店家。雖然三詠女士沒有向我介紹當地的佛卡夏到底是什麼模樣，不過從她言談之中，能感覺出雷科的佛卡夏別具一格。

我們當天晚餐所預定要造訪的店家，其實是一間餐廳。既然名為餐廳，應該就是印象中的模樣，到底什麼餐廳能賣佛卡夏賣出名號？佛卡夏真的可以成為餐廳的招牌菜色嗎？我心中不斷冒出問號。因為我一直認為，佛卡夏的地位等同於麵包，屬於輕食類的角色。

到了店裡一看，問號更是有增無減。

這家店是從一八六〇年，開始營業至今的老字號餐廳「維都林1860」（Vitturin 1860）。

寬敞的店內掛著十字架，擺設好餐具的桌子井然有序地排列著。木製格子狀的天花版上，裝設著釋放出淡橘色光芒的燈具，將店裡的氣氛詮釋得十分高雅，是一家上得了檯面的餐廳。這裡最自豪的一道料理，居然是佛卡夏，這下讓我更摸不著頭緒了。

由於時間尚早，客人還不多，當下並沒有客人在享用佛卡夏，這讓我更滿心期待接下來的體驗。

當天菜色委由店家安排。

一開始，待者將大量的開胃菜端上桌，佔據了整面大圓桌。種類豐富，令人食指大動。

熱那亞市內的市場，男性買東西的比例很高，十分顯眼。

購買當季吻仔魚的客人，不斷湧進魚店。

過了一會兒，一大片類似披薩的食物被送到桌上。直徑居然有八十公分，大概足夠六到八人享用。

原來，這就是雷科的佛卡夏（別名起司佛卡夏）呀！的確完全不同於過去我所認識的佛卡夏，這種類似披薩般的薄片，著實令人大開眼界。但又不同於披薩，上頭並沒有融化的起司，而是將起司夾在薄皮之間烘烤而成。整片都是焦脆的餅皮，外型膨鬆。想像著入口時的口感，令人期待不已。

接下來，表演要正式開始了。放在配膳推車上的佛卡夏，在經驗豐富的侍者手中，熟練地完美分切完畢。沒有一絲多餘的動作，悅目且帥氣。

為什麼這位侍者可以這麼有魅力呢？在義大利傳統的餐廳，侍者會一直待在同一家店裡服務，即使老闆換人，侍者通常還是同一人。有熟悉的侍者在旁服務，能讓客人感到很放心，甚至會將自己當天的餐點全交由侍者打點。所以，侍者有時比廚師更受人信賴。

因為有這麼一位深知自己喜好的侍者在店裡，所以會持續光顧同一家餐廳。這種店家，與流不流行一點關係也沒有。

侍者會如此有魅力，想必是因為對於自己的工作感到驕傲，還有充滿自信的原故。而我所遇到的這位侍者也不例外。

侍者俐落的手腳，以及華麗的動作，令我一時間看到入迷。回過神後，分切完畢，盛放在白色餐盤上的佛卡夏已擺在眼前，還看得見融化的起司從切口處流淌出來。我刀叉並用，迫不及待地送進嘴裡。

「好好吃！」臉上不由得綻放笑容。跟大家說聲抱歉，除此之外，我真的想不出其他的說法來形容。

這家「維都林1860」的雷科佛卡夏，融化在口中，成為支配味覺、口感、溫度、香氣與愉悅的主角。

這種味道前所未見。夾在熱呼呼又酥脆餅皮裡融化的起司，十分濃郁，帶著些許酸味。聽說這種起司稱為史特拉奇諾（stracchino）起司。我對這種起司十分好奇，還要了一塊帶回家，發現直接吃也相當美味。

為了兼顧採訪，我要求參觀廚房製作佛卡夏的情形。薄薄的麵皮抹上史特拉奇諾起司，

正統義式青醬，由香氣十足又新鮮的羅勒，以及塔佳斯卡（Taggiasaca）品種的橄欖油製作而成。

義大利麵餃是不容錯過的人氣商品。「每天都想做一大堆！」在義大利麵工廠工作的女性說。

撒上大量橄欖油，上頭蓋上另一張薄麵皮，然後再撒上橄欖油。

蓋在上頭的麵皮出乎意料地粗糙，而且多少有些破損，但是並無影響。不對，或許這才是美味的關鍵所在。因為經過烘烤，破損處會變得焦脆，使融化的起司露出臉，看起來更加挑逗食欲。

我們一群人歡聲四起地吃著。面帶笑容看著我們大快朵頤的老闆——強巴第斯第先生，則給人內斂的感覺。

他沈穩地解說佛卡夏，聊著店裡的故事，當然也沒忘記招呼其他客人。沒想到，佛卡夏竟會帶給人如此充滿快樂又強烈的印象。

回日本之後，我開始挑選照片，一看到強巴第斯第先生的照片，發現他的存在感實在非常突出。

身為老店的老闆，生活寬裕，但不僅如此而已，還從他身上感受到凡事都無法動搖他的沈著冷靜。

能夠堅持守護著雷科佛卡夏的味道，讓餐廳一直深受當地居民的熱愛，我想正是因為他的言行舉止，總是一貫沈著冷靜的原故。

翻開《我愛義大利》創刊號利古里亞特集封面，就能看見這家老店現在的主人。看到這張照片的時候，雜誌內容如何展開，我立刻有了靈感。他並不是用來裝飾封面的人物，而是在該地區採訪時，令我印象最深刻的人，所以才能佔據這個位置。這本創刊號，甚至於應該說《我愛義大利》第一張最關鍵的照片，就是強巴第斯第先生。

雷科的寶藏

好想再見強巴第斯第先生一面，好想再品嘗雷科的佛卡夏。時隔利古里亞採訪之旅一年半後，二〇一一年八月，我再次造訪了雷科，並在「維都林1860」與他重逢。正巧時值中午，他穿了一身綠色的POLO衫。比起初次見面的時候，給人更輕鬆的感覺。

他還記得我，非常盛情地迎接我。

採訪結束後，聽他說起幾名拿著《我愛義大利》的日本人到訪過這裡，他開心地談起這件事。一面將《我愛義大利》拿給常來光顧的客人看，一面向大家介紹我，甚至帶我認識他

「維都林1860」的老闆，強巴第斯第·斯科亞爾扎第先生。從他氣度高雅的站姿，就能感受到老店現任主人的從容。

強巴第斯第先生的兒子，文貝爾多先生。
老店的味道今後將由他傳承。

的夫人與孩子。

再度回味佛卡夏的感動，與一年半前那時一模一樣。

在「維都林1860」結束用餐後，強巴第斯第先生說要為我稍微介紹這個城市。我們的第一站，是他伯父所經營的佛卡夏麵包店。

彼此自我介紹閒聊一下，接著當場享用油炸製成的雷科佛卡夏。這也是一次新奇的邂逅。

回想起來，我上回第一次造訪「維都林1860」，是在二月的寒冷冬夜。對於雷科城市的景色完全一無所知，只是吃了雷科的佛卡夏，覺得美味得不得了，然後便直接回日本。以為這樣便心滿意足。

然而，這次多虧有了強巴第斯第的介紹，讓我稍微對這座城市的模樣有點概念。

雷科有片小小的海岸，到了夏季就會成為鄰近地區居民的避暑勝地。在強烈陽光照射之下，當地的老爹們會將桌子搬到海邊，一頭栽進紙牌遊戲，沙灘上則聚集了許多年輕人，或是攜家帶眷的家庭，大夥開心地玩樂著。

規模不算太大的沙灘，充滿了溫馨的氣氛，讓人心情跟著和緩下來。

不過，我在雷科最難忘的，還是有強巴第斯第先生存在的風景。他在店裡自然親切服務的模樣，在街角與當地居民打成一片聊天的樣子，那種淡然的態度令人印象深刻，使我永遠也忘不了。

透過《我愛義大利》，我想傳達給大家的，就是人們在義大利這片土地上，落地生根、努力生活的模樣。這一點，也在與強巴第斯第先生認識之後，使我有了深切的感觸。

雷科有一個傳說。由於中世紀時期，雷科這座城市受到薩拉森人（中世紀的伊斯蘭教徒）攻擊，迫使人們開始往內陸地區避難。在這樣的避難生活之下，因而造就了獨特的雷科佛卡夏。這個傳說一直流傳至今，所以對於雷科的居民而言，或許是種擁有特殊情感的食物。強巴第斯第先生珍惜著這些歷史與回憶，持續守護著雷科的寶藏。

在告別之際，他說：「期待很快再相見！」然後與我握手。下次，我打算花多一點時間與他相處，聽他聊聊地方上引以為傲的一些故事。

小餐館「亞・可維亞」（A Cuvea）位在西利古里亞的因佩里亞（Imperia），餐館的這道料理，可以讓人品嘗到早春氣息。將快速燙熟的吻仔魚以及朝鮮薊擠上檸檬汁，再撒上塔佳斯卡品種的橄欖油，享受單純的好味道。

「亞．可維亞」小餐館頗受利古里亞漁夫們青睞。將鹽漬過的鱈魚乾泡軟，與燙熟的馬鈴薯一起壓成泥狀的奶油鱈魚，這道料理樸實簡單，卻很受歡迎。

LIGURIA
利古里亞

位在皮埃蒙特政區南方，屬於東西狹長的弓狀地區。政區省府熱那亞，為義大利交易量最大的貿易港口。

延續南法的美麗海岸地區——利維耶拉，是個相當聞名的觀光勝地，此地位於義大利地區，由義大利利維耶拉的五漁村延伸至韋內雷港的國家公園，已被登錄為世界遺產。

雖然位於北義大利，但是因為北部的高山可以阻擋冷空氣，再加上面向利古里亞海，因此一年到頭皆是溫帶地中海型氣候。

此區面積狹窄，平原土地少，但是善用山坡地種植葡萄與橄欖，即使收獲量稀少，依舊生產出優質的葡萄酒與橄欖油。

尤其是使用了塔佳斯卡品種的橄欖油，香氣十足，不帶腥味，所以十分適合用來搭配海鮮與蔬菜料理。這種頂級冷壓初榨橄欖油，也是利古里亞名產羅勒醬汁——「義式青醬」不可或缺的材料之一。

利古里亞政區
人口／**161**萬人　面積／**5,420 km^2**

VITTURIN 1860

維都林1860

Via del Giustiniani, 48 – 16036 Recco(GE)
電話：+39-0185-720225
營業時間：12:00～15:00、19:00～24:00
公休日：星期一（國定假日不休）
www.vitturin.it

老牌餐廳，雷科佛卡夏名店。可品嘗到運用當令食材的料理、利古里亞特色料理。臨近海邊，所以新鮮海產也相當豐富。建議不要一個人前往，最好幾個朋友一同前行，必點現烤的大片雷科佛卡夏，歡度用餐時光。

第二章　翁布利亞

這才叫作真正的莊園式旅館

位在阿美利亞的莊園式旅館「聖．克利斯多佛」，老闆名為朱利歐．馬奇尼。
朱利歐舒服地沈浸在微風中，今天依舊忙碌地在農場內來回穿梭。

Grillo

莊園式旅館的魅力

朱利歐．馬奇尼是翁布利亞政區（Umbria）「聖．克利斯多佛莊園式旅館」（San Cristoforo）的老闆。我與他相識已十多年，交往時間不算短。

翁布利亞政區位在羅馬所在的拉吉歐政區（Lazio），以及佛羅倫斯所在的托斯卡納政區（Toscana）之間，大約在義大利的中央部位。主要地形為低矮的丘陵地，綠意富饒，甚至有綠色中心之稱，因此莊園式旅館此起彼落。

所謂的莊園式旅館，就是在農場內設置住宿設施。由農家非主屋的建築改建而成，各種規模都有，有些具備別墅等級，還備有泳池，一般的住宿費用還算合理。莊園式旅館最大的魅力，莫過於可以在大自然中生活。悠哉享受田園生活的同時，還能嘗試農作體驗，利用自己收成的食材，製作而成的鄉村料理，別有一番風趣。

我第一次見到朱利歐，是在二〇〇三年的九月，在東京舉辦的旅遊博覽會中認識。他在義大利的攤位上，推銷自己的莊園式旅館。

當時的日本，對於莊園式旅館的注意，正開始逐漸高漲。我也是因為他的介紹而感到興趣，開口與他攀談。朱利歐的笑容和藹可親，語帶幽默又熱情地與我聊天，所以自然受到他談話內容所吸引。

後來，我與朱利歐在日本吃過幾次飯，交情愈來愈好，終於在二〇一一年六月，得以造訪他的莊園式旅館。距離我們上一次碰面，前前後後已過了五年的歲月。儘管如此，再會時卻絲毫感覺不到這段時間的空白，他那下垂的眼睛與滿布皺紋的臉龐，還是記憶中五年前的模樣。

「終於來了！」

我還記得，當時宣洩而出的愉悅心情。

第三度造訪，則是在正值盛夏的八月半時期，我私底下與家人一同前往。過去朱利歐一直盛情邀請我帶家人一起來，即使他不說，我自己也很想這麼做。

抵達「聖．克利斯多佛莊園式旅館」，車子一開進客房所在的區域，我馬上就看到朱利歐的身影。

他一見到我，便一如往常地大聲叫著「松本先生」，歡迎我的到來。

朱利歐與朋友，莊園式旅館「拉．卡塞塔」（La Chiusetta）老闆爾奇亞諾先生。兩人從莊園式旅館草創期開始，一路打拚，共同勉勵，他們也是騎馬的好伙伴。

「聖・克利斯多佛」的黎明時分。世界各地的旅人紛紛前來翁布利亞，尋求在田園生活才能獲得的安逸感。如果想要透透氣，這可是萬中選一的好環境。

朱利歐所經營的莊園式旅館，位在翁布利亞南部的城市，阿美利亞的丘陵地帶，周邊綠意豐饒，平緩的山坡連綿不斷。

山坡上設有幾片廣闊的向日葵花田，但很遺憾的是花季已近結束，向日葵大多已經垂頭喪氣。聽說六月到八月上旬，向日葵會開滿整片山坡地，是難得一見的風景。

我在周邊慢跑一圈，才發現上下坡比乍看之下更為吃力。儘管如此，還是能夠感受到令人胸襟開闊、平易近人的大自然。

客房的正面與南側山坡上，遍布著橄欖田與葡萄田。時逢夏季，所以日照強烈，不過只要一到日暮時分，從山坡上撫來的微風，可以立刻消除暑氣，令人感到涼爽愜意。

房間的裝潢十分簡樸。無論臥室或起居室都看不到浪漫的氣息，有些房間甚至令人感覺設備老舊。不過，這是朱利歐為了儘量不破壞往昔的農村面貌，大部分全靠自己親手重新裝潢而成，這裡充滿了他的堅持，以及莊園式旅館的主要訴求，住起來十分舒適，感覺更貼近義大利。

最重要的是，在這裡可以沈浸在翁布利亞田園生活的美好之中，奢侈地悠哉度過。

吃飯皇帝大

到了晚餐時間，朱利歐總會沖過澡，換上襯衫，引導客人來到戶外的露台。因為在夏天，可以在這座露台上吹著宜人的涼風，享用餐點。

露台上聚集著多年的熟客，以及朱利歐的朋友，大家都來用晚餐。一群人與朱利歐一邊看著田地，一邊站著閒話家常。聊聊今年的葡萄與橄欖收成好不好等話題。

兼具知性與幽默感的朱利歐，有著像少年般單純的一面，這是這家旅館的魅力之一。大家都想與朱利歐說說話。

聊天告一個段落，朱利歐大聲吆喝客人的名字，引導大家入座。而他總是用「松本先生」來稱呼我。

有的客人單純來這家莊園式旅館用晚餐，或只留宿一晚便打道回府，另外也有許多長期留宿的客人，一週、兩週、一個月都有。為了長期留宿的客人，菜單每天都會更換。決定菜單的工作，則落在夫人麻衣子女士身上。

「聖．克利斯多佛」的晚餐，通常會安排五道開胃菜、兩道主菜與甜點。

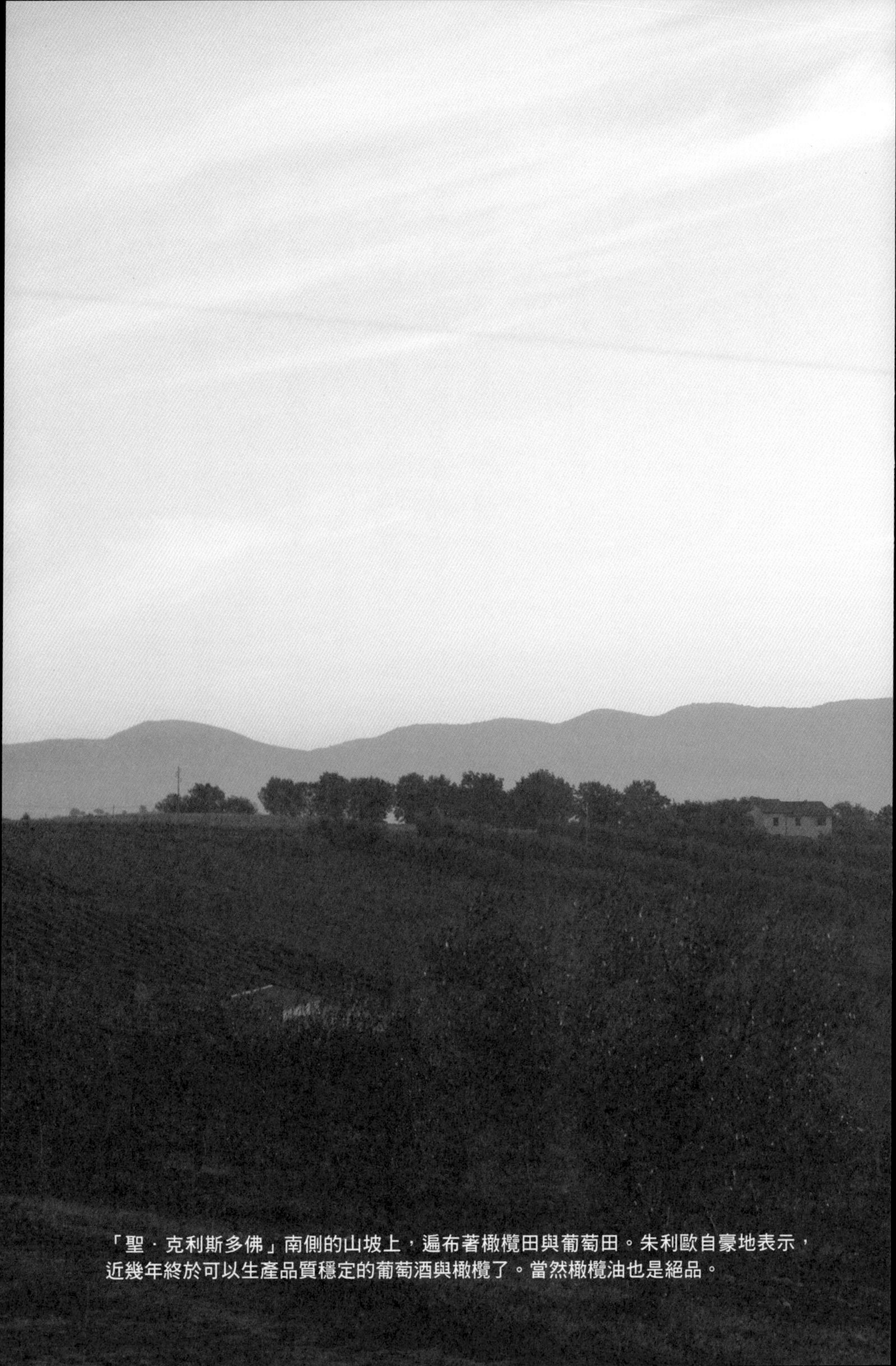

「聖・克利斯多佛」南側的山坡上，遍布著橄欖田與葡萄田。朱利歐自豪地表示，近幾年終於可以生產品質穩定的葡萄酒與橄欖了。當然橄欖油也是絕品。

我在二〇一一年初次造訪，當時擔任主廚的菲歐蕾拉，為我們端出了數道翁布利亞的特色料理。她外表看起來就像個普通的鄉下大嬸，然而她對於故鄉食材的熱愛，以及傳承下來引以為傲的傳統，完全融入在料理中，也深受朱利歐的信賴。即便她現在已經退休，「聖・克利斯多佛」還是承繼著她的態度，堅持「吃飯皇帝大」。

利用熟悉的食材，將食材的原味發揮到極致，製作成簡樸的料理。朱利歐告訴我，翁布利亞的田園美味，就是如此簡樸的菜色，卻是最高級的奢華享受。完全突顯鹽味的香腸、水與麵粉揉勻後壓平烤成的受多拉切內雷披薩（類似未發酵麵包）、義大利原生種契安尼娜牛排（Chianina燒烤牛肉）、戚利歐雷（較粗的手工義大利麵）等等，每道料理都將食材的精華發揚光大。

目前由新任主廚愛莉薩貝塔負責掌廚，基本上還是參考了菲歐蕾拉的食譜以及創意，另外採納了麻衣子的品味。使用蔬菜與豆類的翁布利亞傳統菜色也相當豐富，所以最近愈來愈多重視養生的義大利人，也好評不斷。

朱利歐就是像這樣，對於餐點十分講究。在莊園式旅館裡，他最重視的就是餐點。這是他秉持的信念。

在這裡端上桌的料理，僅使用朱利歐農場所生產的食材，以及來自於他所信任的生產者所製造。葡萄酒、油全都是自家製，不含任何添加物。

酒更是獨具一格。

白酒為夏多內（源自法國勃根地產區）品種，數量極稀少，帶有氣泡，具有辛辣與水果般的獨特味道與香氣，有別於一般夏多內品種給人的感覺。

紅酒主要由桑吉奧維斯品種、蒙特普齊亞諾品種、卡本內品種、綺麗葉驕羅品種的葡萄，長時間釀製而成，更是朱利歐推出的獨創品牌。我在日本認識他的時候，他曾請我喝過一款紅酒，與這款紅酒根本無可比擬，而且味道變得更加飽滿、美味。

另外還有蒙特普齊亞諾品種的粉紅葡萄酒。

在朱利歐指示下，無標籤的白酒、粉紅葡萄酒、紅酒，會搭配每天的料理，陳列於餐桌上。

橄欖油也格外美味。由法蘭朵品種、摩拉依歐羅品種、雷奇那品種的橄欖製造而成的橄欖油，淋到菜餚上，就能突顯食材的優點，讓味道更加出色。

晚餐時間，朱利歐與麻衣子一定會與客人共聚用餐。

客人們也十分期待這種安排。大家圍在一起享用晚餐，與這對夫妻暢談，真的非常愉

在翁布利亞不能缺少火爐。可用來煮豆子，烤「受多拉切內雷披薩」。契安尼娜牛排也能擺在這裡燒烤，非常美味。

「聖・克利斯多佛」前任主廚——菲歐蕾拉。她所烹調的翁布利亞樸實鄉村料理，是這間旅館餐點的原點。現在則由愛莉薩貝塔承襲這個味道。

快。觥籌交錯的同時，朱利歐會語帶幽默地，為大家說明每道料理所使用的食材，與背後的生產故事。所以我們雖然與生產這些食材的人未曾謀面，但卻彷彿見過他們似的。而且朱利歐也會開心地聆聽客人的感想。讓人感受到他對於每樣食材的執著與依戀。

我上次待在這裡的期間，正逢八月十五日，這天為聖母昇天日（譯註：義大利的國定假日，類似台灣的中元節，在天主教的教義中，視為聖母馬利亞昇天的日子），榮獲招待，享用了翁布利亞鄉村料理烤豬肉（烤乳豬）。橫躺在桌上大約一公尺長的乳豬，由朱利歐分切，招待大家享用，現場簡直就像在欣賞朱利歐的個人秀一樣。

先驅者的心情

朱利歐在翁布利亞，應該可以算是莊園式旅館的先驅者。

他辭去藥劑師一職，於一九八六年開設了「聖·克利斯多佛」。問他開設的原因，他開玩笑地回說：「因為太受女人歡迎了。」

朱利歐原本出生於代代務農的家族，小時候曾在祖父經營的農場裡頭幫忙農作，玩遊戲時還仿效祖父闢建迷你農場。

擔任藥劑師那幾年，每當他對於單調的工作感到厭煩，就會經常在假日與友人去騎馬散心。迎著風、騎著馬，奔馳在翁布利亞的山坡上，讓朱利歐重新發現到故鄉田園景色的美麗。就在這時候，很幸運地從父親那裡繼承了農場。父親的農場，與兒時在祖父農場玩耍過的山坡十分相似。

後來朱利歐開設了莊園式旅館，所用來迎接客人的住宿設施，也不假建築公司之手，大部分都靠自己的雙手打造而成。

開業當時，整個翁布利亞政區只有三、四家莊園式旅館，不過現在光是阿美利亞，就有超過八十家。也因為這樣，不少經營者似乎根本不了解莊園式旅館的本質。

朱利歐感嘆地說，近來不提供餐飲（沒有設備與人力），單純住宿的地方有增加的趨勢。以他的觀念而言，這樣根本稱不上是莊園式旅館。

打從草創期便吃盡苦頭，花費二十六年的時間，朱利歐才做出成績，並逐漸受人信賴，所以相當珍惜莊園式旅館的文化。

正因如此，他僅使用有自信的食材來提供餐點，打造出客人可以在農場以及翁布利亞大

《我愛義大利》雜誌連載內容，在「媽媽的食譜」中登場的菲利碧女士母女。家族在人口約600人的馬奇耶村經營商店，販售以肉類為主的食材以及日用品。母女感情非常好，總是笑口常開。

黑松露為翁布利亞名產之一。將戚利歐雷（較粗的手工義大利麵）拌上大量的濃稠松露醬汁，一口吃下，令人感覺到無上的幸福感。

自然中，盡情徜徉的環境。因為這種用心也會傳達到客人心裡，所以有許多回頭客，打從開業都一直來往。

從翁布利亞土地上孕育而出的一切，還有與其相互繫絆的人們，朱利歐皆深信不疑地守護著。在親切的笑容底下，隱藏著非常堅定的信念。

在翁布利亞綠意盎然的風景環抱下，到了夜晚就會出現滿天星斗的旅館，「大自然的恩惠」、「人與人的交流」，是這間莊園最美的風情，讓所有旅人都能夠盡情享受。

正因為朱利歐長年經營，才得以讓這樣打動人心的莊園式旅館，愈來愈成熟茁壯。聖．克利斯多佛就好像朱利歐的翻版，還有與支持這一切的麻衣子女士，他們共同演出協奏曲。數度造訪，長期留宿，能讓人更深入體會美妙之處。

「在這個名為聖．克利斯多佛的接待室裡，結識來自世界各地的朋友，即便只能在一瞬間與大家分享翁布利亞的鄉村生活與美麗風景，還有簡樸而美味的料理，就是我最幸福的一件事。」朱利歐說。

今天，想必朱利歐依舊像個少年一樣，騎著機車在旅館土地上，忙碌地來回穿梭，用響亮的笑聲迎接著客人吧？

佛爾馬就所造就的風景

粗壯又毛絨絨的手，將大鍋裡凝固的佛爾馬就（Formaggio，起司）舀上來，壓入木製模型裡整形。完成後的佩克利諾（Pecorino，羊奶起司）風味備受好評，等不及長時間熟成，一下就被顧客搶購一空。在這種小工房裡製作佛爾馬就的景象，隨處可見。

義大利語的新鮮起司發音為佛爾馬就。《我愛義大利》其中一個採訪主題，就是起司。義大利的每個政區，每個地方，一定都有具當地特色的佛爾馬就。會使用牛奶、羊奶、山羊奶等各種原料，作法也五花八門，透過採訪，可以了解當地的飲食文化，明白當地特色起司的製作緣由，以及受人熱愛的原因。接下來，就來針對這種羊奶起司的製作過程進行說明。

無論是大型工場或是類似山中小屋的工房，製作起司時，現場給人的感覺乍看之下都十分類似。室內呈現一片白色的景象。牆壁是白色的，工作人員也是白衣配白長靴，有時還會戴上白帽，從頭白到底。然後會使用不鏽鋼製或銅製的器具，地板上則隨時都有水在流動。

雖然感覺雷同，但是用機械所製作出來的起司，與手工製作出來的味道，卻截然不同。

在大型工廠裡，會分析載運到廠的牛奶成分，檢查有無細菌等等，在管理周全的狀態下，製作成品。製程中，人的雙手完全不會接觸到起司。

相反地，在人數少的小型工房裡，會親手製作。當天製作多少分量，就擠多少奶，工具則是代代相傳而來，不斷修理繼續使用。藉由製作者自身的經驗與直覺，還有手的觸感，完成備受好評的起司。當然也會隨時保持清潔，製作者手中的溫度也會變成一種附加的味道，成為受人著迷的絕佳風味。偶爾，可能還會再加入幾滴汗水的味道。

Photo By Hiroaki Matsumoto

「聖・克利斯多佛」夏季某日的午餐。
大家圍繞著朱利歐夫妻，話匣子大開。

菲利碧家的女婿，採松露的名人——法伍斯多先生。
正在與愛犬一起尋找松露。

UMBRIA 翁布利亞

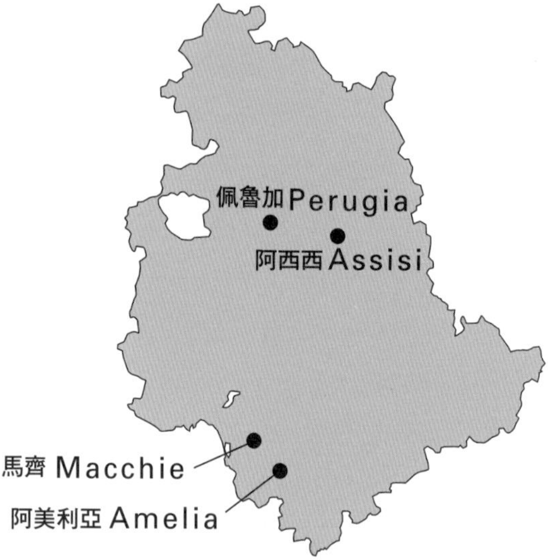

位在義大利中央部位的翁布利亞，是義大利唯一不臨海，也未與國境相連接的政區。

擁有十分吸引旅人目光的大自然與街道，尚未過度觀光化也是極大的魅力所在。綠意與大自然富饒，山坡地區令人心曠神怡，優美風景療癒人心。政區首府佩魯加設有外國人大學，海外而來的留學生眾多。

除了基督教信徒的朝聖地——阿西西等知名觀光地區之外，還有一些城市依舊保存著中世紀的景象，城市所保有的古老歷史與文化令人親歷其境。

翁布利亞料理的優點就是善用食材，而且非常簡樸。淋上大量的優質橄欖油，突顯食材的優點。將較粗的手工義大利麵、翁布利義大利麵，搭配黑松露醬汁一起享用，更是難得美味。

翁布利（翁布利亞人）總是守護著大自然與傳統，珍惜時間，從容地過生活。

翁布利亞政區

人口／**91**萬人　面積／**8,456 km**^{2}

SAN CRISTOFORO

聖・克利斯多佛

Strada di San Cristoforo, 16-05022 Amelia (TR)
電話：+39-0744-988249 / +39-335-6258930
入房時間：11:00～　退房時間：11:00～　全年無休
www.sancri.it

自莊園式旅館草創期開始，一貫的堅持就是注重飲食。橄欖油、葡萄酒、蔬菜、加工肉類食品等等，皆盡可能自給自足，是一家友善好客的旅館。老闆娘為日本人，會講日語也可放心入住。推薦給熱愛享用美食與悠哉度假的人。

第三章　薩丁尼亞島

深山裡的牛軋糖與赤腳祭典

在薩丁尼亞島，羊的地位非常重要。還能看到牧羊犬堅守崗位的景象。

令人目不暇給的風景變化

俗話常說，薩丁尼亞島（Sardegna）「別具義大利風情，但又有別於義大利」。薩丁尼亞島飄浮在海面上，四周被義大利半島、西班牙、突尼西亞包圍，面積略大於日本四國（編按：約比台灣小三分之一），位在法屬科西嘉島的南方。因其地理環境的關係，在悠久歷史中，從古希臘、腓尼基、迦太基，乃至於近代的西班牙、澳洲，薩丁尼亞島受到不同民族與國家的侵略與統治，造就了不同於義大利本土的歷史。一般人除了使用義大利語，也會使用薩丁尼亞語（Sardigna），島上甚至有當地的方言。

在各種不同文化影響下，每個城市與鄉鎮，皆營造出獨具一格的文化與風景。我們在薩丁尼亞島北部的奧比亞（Olbia）租了車，一路開到南部的政區首府卡利亞里（Cagliari），大約跑了一六〇〇公里。

橫斷東西，縱貫南北。造訪了山間村落，還途經了幾座沿海城市。每次從村莊到村莊、城市至城市之間移動，薩丁尼亞島的風景總是千變萬化，令人目不暇給。

從組成街道的一磚一瓦，乃至民家屋頂與牆壁的顏色，僅僅是相鄰的村落，也各異其趣。

當時我們委託馬場先生導覽這座島，他是日本涉谷相當受歡迎的薩丁尼亞料理餐廳──「塔羅斯」（Tharros）的老闆。馬場先生曾在薩丁尼亞島研習料理，依靠他的人脈來造訪此處，這趟旅行肯定會很有意思。

黑衣老婆婆的牛軋糖

義大利每座城市與每座村莊千變萬化的風景，雖然令人樂在其中，不過來到薩丁尼亞島，還有一個東西我一定要去尋找。

那就是牛軋糖。

牛軋糖是將蛋白與蜂蜜攪拌均勻，加入核桃與榛果等堅果類，整形而成的甜點，在北義大利倫巴第政區（Lombardia），克利蒙納（Cremona）的產品十分著名，但據說薩丁尼亞

這種招待方式很有義大利特色。大口吃喝，美味倍增。
拍攝於卡布拉斯的「聖．匹斯凱拉．耶．馬爾．耶．波提斯」。

手拿吉他高歌一曲的將帕歐羅先生，他是位在卡利亞里「多拉多利亞・利利可」（Trattoria Lillicu）餐廳的知名侍者。店內不時會熱鬧地像間音樂酒吧。美味又歡樂的時刻。

島也有大量生產。其實我並非對牛軋糖情有獨鍾，說實在也不常吃。別人曾經送過我，所以嘗過幾次，但老實說我並不覺得特別好吃。只不過是因為別人好意送的，所以只好嘗嘗看，但總是吃不完，最後都會滿懷罪惡感地拿去扔掉。

牛軋糖除了硬，放入口中沒多久就會變得很黏，還會沾在牙齒上，膩到不行的甜度，更會破壞口中的餘味。

而且，牛軋糖為了塑形，少不了加入一些添加物與砂糖。

但在出發前，馬場先生說他在內陸地區的托納拉（Tonara）一帶，曾經吃過好吃的牛軋糖。

既然他曾經在薩丁尼亞島生活，那肯定不會有錯。如果真有如他所言的牛軋糖，一定要來吃吃看，或許能讓我對這項甜點大為改觀。

但是馬場先生表示，他只記得是位在托納拉一帶的村莊，具體的地點與店名則一概不知。

我看過地圖，確定托納拉是位在薩丁尼亞島中部一帶，內陸的山區城市。距離我們住宿的城市，還需花費不少時間才能抵達。因為除了托納拉一帶別無其他線索，所以只能當作去開車兜風，耐心尋找。

出發找尋牛軋糖當天，我們在薩丁尼亞島東岸的奧羅塞伊海灣（Golfo di Orosei），一個叫作卡拉戈農（Cala Gonone）的海邊城市用過午餐後，便開車前往托納拉了。途經這一帶唯一夠格稱作「都市」的奴奧羅（Nuoro），到處都是一片山區景色。薩丁尼亞島中部位置的山間僻壤，屬於長期歷史封閉的地區，也被稱作巴爾巴吉亞（Barbagia），意思是蠻族地區。許多村莊還會在建築物外牆上描繪壁畫，據說這是居民將政治觀點，透過圖畫來訴求。我們一路看著這樣的景色，繼續往山區邁進。

薩丁尼亞島的山區尚有山賊出沒，所以出發前，一些熟悉義大利的朋友，便以半開玩笑的方式向我提出忠告，要我們小心誘拐或綁架。

即便將山賊當作笑話看待，但在這深山裡頭，太陽一下山肯定會一片漆黑，伸手不見五指。在這種情形下，回程令人頗為擔心。

大概是東方人很少見的原故，我們下車四處探聽、收集資訊，不管到了哪個村莊，都會被路人一直盯著瞧。

抵達奴奧羅已是夕陽西下，天色昏暗起來。路過名叫德蘇洛（Desulo）的村莊時，心想

來到薩丁尼亞島山區，城市的氣氛也起了變化。

薩丁尼亞島的薄片麵包——帕內．卡拉薩烏（Pane carasau），是利用粗粒小麥粉製作而成的。發酵後將膨脹如氣球般的麵團撕成兩片，再次烘烤至酥脆狀。主要為薩丁尼亞島北方的食物。方便保存，是牧羊人常備的口糧。

倘若無法在此處獲得一些資訊，便只好忍痛折返。來到這一帶，已經是超過海拔一〇〇〇公尺的山區。

我們沿著街道，在商店與住宅交錯並列的角落停好車，開口詢問看似工作結束正要返家，風情萬種的中年婦人。

「您知道這附近有一家製作美味牛軋糖的店嗎？」

這名婦人一聽到我的詢問，立刻回答：「我知道一家很棒的店，跟我來！」還來不及提出其他問題，她已經邁開腳步。看她自信滿滿的語氣，我們便決定跟著她一探究竟。

原本以為她會帶著我們走一段路，沒想到那家店就在附近。離村莊中心有點距離，店面十分簡樸，倘若沒有特別留意，根本很難察覺。我們打開門走進店裡。據帶路的女性所言，這家店從十七世紀初便開始營業至今，是一家老店。

小小的店內擺設十分簡單，只有櫃台與裡頭的層架，沒有放置其他多餘的物品。由於時間已晚，當天店裡陳列出來的商品，看來幾乎已經銷售一空。

出聲打過招呼，有一位看似女主人、全身黑的老婆婆從裡頭走了出來。沒想到，這裡的牛軋糖居然是她做的。

黑衣老婆婆名叫喬瑟畢娜。在薩丁尼亞島這個地方，未亡人的裝束從頭到腳都是黑色，不過最近在都會區或沿岸地區，年輕人之間已漸漸不再時興這種風俗習慣。儘管如此，年紀稍長的人還是遵守這種慣例，愈往山區走，穿成一身黑的老人便愈多。

為我們帶路來到這家店的婦人，家就住在店的前方，婦人還說，她從以前就和老婆婆是很好的鄰居。

我只能說這一切實在是太幸運了，因為我們最後一刻才抵達了這座村莊，又碰巧向這位婦人出聲攀談。更慶幸的是，老婆婆雖然生性害羞，但還是接受了我們的採訪，為我們詳細介紹自己店裡的牛軋糖。

包括蜂蜜、雞蛋、核桃等堅果類，所有食材都是在德蘇洛（Desulo）這個地方，以及附近地區所生產的，當然也沒有加入任何添加物或砂糖等多餘的東西。

善用食材，依照一如往昔的作法，將蜂蜜與蛋白攪拌均勻，再加入堅果。雖然作法十分簡單，但卻相當費時費力。

「最重要的一點，就是耐住性子仔細攪拌蜂蜜喔！」老婆婆面帶微笑，開心地說明著。店裡使用的蜂蜜，是將築在木框上的蜂巢，整個收集起來使用。

孫子帕斯科亞雷先生，是個可靠的繼承人。

這就是最美味的牛軋糖。女主人喬瑟畢娜女士
滿佈皺紋的手，讓人感覺得到美味的深奧。

裡頭的工廠比想像中還大，陳列著尚未包裝的牛軋糖。商品則有杏仁、榛果、核桃三種。

老婆婆取出其中一塊，拿出刀子與木槌分切，要請我試吃看看。

甜甜的蜂蜜，以及核桃的香氣，整個飄散開來。

放入口中，原以為很硬的牛軋糖竟然一下子融化開來，自然的甜味，以及核桃的香氣與澀味，醞釀出美妙的和聲。不僅不會黏牙，而且吃起來簡直入口即化。我第一次吃到這樣的牛軋糖。

真的好好吃。

後來我才知道，其實這家店的牛軋糖，在薩丁尼亞島是內行人都知道的好味道，在薩丁尼亞島政區首府卡利亞里，只有在僅提供優質商品的高級食材店才找得到。

過了一會兒，一位青年走進店裡。一問之下，得知是老婆婆的孫子帕斯科亞雷，未來將繼承這家店。老婆婆表示，雖然可以暫時寬心，不過要全部交棒給孫子還言之過早，目前還是打算自己繼續製作牛軋糖。

這天的牛軋糖，讓我們一行人一償饕客夙願，挖到了最棒的寶藏，還遇到了如此令人意想不到的製作者，成就了美好的一段採訪。當我們懷抱著這種滿足感，踏上一片漆黑的歸途，也讓人完全忘記了山賊出沒的事。

塔羅斯無邊無際的透明大海

一到六月，義大利就會開放海灘，進入渡假季。如果是在這種季節前去採訪，我一定會偷偷將泳裝一併塞進包包，想趁機縱身躍入義大利的美麗大海之中。

但是令人傷腦筋的是，老是遇不到縱身入海的機會。不知為何，靠海很近的時候，不是因為行程安排無法偷閒，就是不小心在那一天忘了帶泳裝，只好咬著手指強迫自己轉身離開海灘，而且這種情形還連連發生。

好不容易機會終於來了，第一次便獻給了薩丁尼亞島的塔羅斯（Tharros）大海。

當時我正在塔羅斯沿海的街道，與卡布拉斯（Cabras）的釀酒廠老闆帕歐羅，在他的避暑別墅討論採訪事宜。眼前正是一望無際的大海。

毫無一絲汙染，無邊無際的透明大海。閃爍亮眼的夏季陽光灑落下來，光芒實在過於耀

樹皮剝落的軟木橡樹，總覺得樹看起來好像很
痛的樣子。在通風良好的樹蔭下，掛著吊床睡
覺想必是無比舒服的一件事。

在憧憬的義大利海邊游泳曾經是我的夢想，而塔羅斯的海邊讓我夢想成真。

眼奪目，令我坐立難安。

雖然與帕歐羅一群人暢談甚歡，但我還是無法抑制想躍入海中的欲望，於是一個人換上泳裝，走到海灘。

終於能夠得償所願，徜徉於義大利的大海之中，而且還是在薩丁尼亞島，塔羅斯的大海。

我走下小而靜的海灣，突然感覺周遭投來注視的眼光。

或許是我太多心了，總覺得當地來海邊玩的泳客，好似對我的行動滿腹狐疑，像在用目光無聲地問我：「為什麼你要走進這片大海？」我在心裡向周遭的人打著招呼，「不好意思，可以讓我泡泡水嗎？」便縱身撲進蔚藍的海水中。

海水很冰涼，我為自己身在塔羅斯大海一事，內心感到雀躍不已。

游了一陣子，我回到避暑別墅，帕歐羅先生馬上遞來玻璃酒杯，裡頭斟著冰到透心涼的普賽寇（Prosecco，有汽泡的白酒），迎接我回來。「很舒服吧？」我控制不住縱情地笑著回答：「貝內！貝內！（很舒服！很舒服！）」

地中海的藍色大海配上藍色天空，一杯冰涼的普賽寇下肚，令人忘了工作，恣意獨享心情極度愉悅的片刻。

為了祭典而存在的村莊

還有一個原因，讓我特地選在這個時期來到薩丁尼亞島。

薩丁尼亞島的卡布拉斯（Cabras），在九月的第一個週六會舉行赤腳祭典，我對「可爾沙・得利・斯卡爾自」（Corsa degli Scalzi）十分感興趣（英文為Barefoot Race，意思是赤腳跑步）。

祭典儀式本身，從八月底開始連續舉行九天，主要活動為赤腳祭典。

赤腳祭典是在星期六的日出時分舉行，由一大群統一身著白色修道服的年輕人，扛著聖人薩爾瓦多的木像，赤腳從卡布拉斯的馬焦雷教堂，一直奔跑到聖・薩爾瓦多教堂，全程大約八公里。翌日的星期天，再依原路，反方向扛著聖人像赤腳奔跑，返回馬焦雷教堂。

多麼簡潔、素雅又壯觀的宗教儀式呀！

我們預定在星期天，參觀從聖薩爾瓦多村至卡布拉斯，這段回程的赤腳祭典。

我們的旅館，就住在距離聖・薩爾瓦多村不遠處。

「可爾沙・得利・斯卡爾自」的前夜祭典。路邊攤一整排的燒烤烏魚。

舉辦前夜祭典的聖．薩爾瓦多村。就像走入童話王國般的氛圍。

星期六傍晚，返回旅館途中，經過村莊入口一帶，已經看到一片熱鬧的景象，沿路也停滿許多車輛。據旅館主人所言，才知道正在舉行回程路線的前夜祭典，我們立刻去瞧瞧那般盛況。

穿過村莊入口處搭建的拱門，來到一處廣場，擺放許多路邊攤。路邊攤上正燒烤著大量的烏魚（mullet），不少人聚集著，拿著盤子等魚烤好。廣場中央排列著幾排長長連接的桌子，大家坐著，開心地享用烏魚，交杯暢飲葡萄酒。卡布拉斯近郊的溼地，可捕獲大量烏魚，這一帶的居民非常愛吃。

後來看了拍攝出來的照片才發現，聚集在廣場上的男性，就是隔天祭典的參加者，家族、情侶、好朋友，一起歡樂地度過這個前夜祭典。能夠參與赤腳祭典的人，僅限於卡布拉斯出身的男性，或是與卡布拉斯出身女性結婚的男性。

這個廣場在眾人圍繞之下，使得聖・薩爾瓦多呈現出一種獨特的村莊景色。狹窄的小巷弄間，小小的平房屋舍連綿不斷。紅褐色的屋頂，褪色的奶油色牆壁，幾乎看不到窗子。

由於祭典的關係，村中裝飾著五彩繽紛的旗幟，這些旗幟巧妙地融入其中，給人一種迷失在奇妙世界的感覺。

整個氣氛，就好像來到童話世界的村莊一般。

房舍連綿不斷的巷弄底，有座小小的教堂，裡頭供奉著從卡布拉斯迎來的聖人薩爾瓦多神像。

事實上，這座聖薩爾瓦多村莊是個無人村。房舍具有獨特的味道，是因為原本就是專為朝聖者建造的住宿設施，只是因為祭典的關係，成為卡布拉斯人第二個家。

廣場上的熱鬧景象持續到深夜，喧嘩聲甚至連我們的旅館都聽得見。

祭典的激情與狂熱

翌日中午過後，我們請教了帕歐羅先生，得知欣賞赤腳奔跑實況的最佳地點，於是興沖沖過去等待。

前前後後，大概等了一個小時以上。

等到前導巡邏車通過，幾輛相關車輛後方，有幾個人抱著聖人像跑在前頭，接著幾百名統一身著白色修道服，赤腳的男性佔據整條馬路，跑了過來。他們每跑幾十公尺，就停下來，每次停下來，他們口中就會喃喃自語，彷彿在祈禱些什麼，接著又再度高舉聖人像往前進。

就這樣跑跑停停，不斷重複同樣模式。大家輪流抱著聖人像，後方則有幾百人跟隨。在這一群人當中，甚至有父親帶著年幼孩童一起跑，小孩子當然也是赤腳，大家朝著卡布拉斯的教堂，緩緩地前進。

我回想起日本神社祭典中，扛著神轎的光景。抬著神驕走在路上的一大群人，總讓人覺得他們或許已經超越了國家與宗教，而是醞釀一種共鳴。

等他們通過後，我們搶先回到卡布拉斯的鎮上，等待他們到來。

到教堂這一路上，早已擠滿等待著聖人像與男性參加者的家人、朋友以及當地居民。抱著聖人像跑在前頭的男性們，一進入市區街道，煙火立刻燃起，歡聲與鼓掌聲響徹雲霄，祭典的熱鬧場面，迎向最高潮。

大概是為了清淨道路，撒上了大量的月桂樹葉片。男性們停下了奔跑的腳步，用力踩著這些葉片，同時高舉著聖薩爾瓦多像，慢慢地在街上遊行，最後抵達馬焦雷教堂。

男性們的額頭上大汗涔涔，白色修道服也濕透了，當然這些事情完全不會影響到他們。慶典的激情，以及完成使命的成就感，使他們笑容滿面。

這場赤腳祭典，傳說起源自十六世紀，一群年輕人從侵略者手上奪回聖人像。這一天，令人感受到卡布拉斯的人們，對於聖薩爾瓦多的信仰有多麼地虔誠。

我覺得，薩丁尼亞島比想像中更加「別具義大利風情，但又有別於義大利」。每個城市與每座村莊都有變化萬千的風景，山區與沿岸更有天差地別的氛圍。像這樣擁有數種景色的政區，別無二者。

僅僅數十天的時間，我到底還是無法參透這座島的魅力。但是這座島的多樣性，以及所孕育出來的獨特文化，已經深深觸動了我。

赤腳跑完大約八公里的路程。

進入卡布拉斯的街道，跑者高舉起薩爾瓦多神像，
人人各有所思，漫步走在直通教堂的這段道路上。

SARDEGNA 薩丁尼亞島

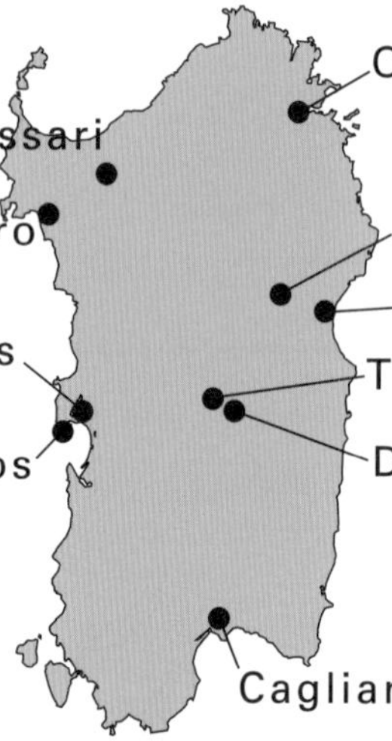

薩丁尼亞島全區，都有用努拉蓋這種石頭堆砌而成的獨特建築物，據說史前時代便用這種努拉蓋圍起來，形成聚落。薩丁尼亞島被稱作「牧羊之島」，除了因為現在依舊繁盛的牧羊活動外，還有一段歷史典故：牧羊民族薩丁（薩丁尼亞人）不斷遭受外來民族與其他國家統治，因而退避到山區地帶求生存。

由於遠離沿岸地區的時間非常久了，傳統料理中有許多類似波爾凱度（烤乳豬）的肉類料理。

在這座島上繞行一圈，除了可以走訪許多知名景點，例如保留羅馬遺跡的卡利亞里、瀰漫西班牙風情的阿加洛、羅馬式風格教堂四處散佈的薩沙里周邊城市，應該還會發現每座城市的色調、風景、氛圍皆截然不同。每個地區受到其他國家支配的歷史各異，所經歷的遭遇也各不相同。所以也會出現像內陸地區這樣，堅持捍衛代代相傳文化傳統的地方。

薩丁尼亞島每個地區傳承了不同的傳統，整個政區認定自己是薩丁民族的意識卻十分高漲。

薩丁尼亞政區
人口 / **164萬人**　面積 / **24,090 km²**

LABORAZIONE ARTIGIANALE DI MARCO E PASQUALE DEIANA

拉波拉自歐內・亞爾梯將那雷・第・馬爾可・耶・帕斯科亞雷・第亞那

Via Lamarmora, 10 – 08032 Desulo (NU)
電話：+39-0784-619246
營業時間：9:00～19:00

只要不怕回程漆黑一片，能夠找得到路、抵達目的地，就能發現這種口味自然樸實的牛軋糖。縱使含在嘴裡，幸福就會在一瞬間融化殆盡，但是那香氣與口味所帶來的安靜激情，卻會令人永生難忘！

第四章　卡拉布里亞

庶民家庭的餐桌

今天依然是親子、姊妹大集合，
一起開動享用午餐。

卡拉布里亞政區（Calabria）位在義大利半島南端，切特拉羅（Cetraro）則是位在政區北部沿海的一座城市。

在臨近海岸線有點高度的丘陵山坡上，住家十分密集，形成一個聚落。家家戶戶都認識，彼此都會打招呼。

距離這座丘陵山頂不遠處有座高台，那裡就是阿妮塔·歐爾沙拉的家。我們前去拜訪時正值冬天，即便如此，從高台上所看到的海岸線依舊閃爍發亮，讓人可以聯想到夏天的喧鬧盛況。

來龍去脈容我後述，到阿妮塔家搭伙後，我們才得以進行卡拉布里亞的採訪。

人數眾多的歡樂餐桌

那一天，我們結束取材，返回阿妮塔家，那是我們第一次留宿，平日只有兩夫妻居住的住家，聚集了她的女兒、母親、姊妹等一大家子的人，約二十人左右。據她表示，接下來大家要一起圍在餐桌上吃晚餐，將我們介紹給所有人認識。

桌子一張接著一張擺著，一起開動用餐。長桌上擺滿阿妮塔做的料理，還有來訪的家人各自帶來的料理。

眼見所及，全是前所未見的菜色，但並沒有特別的食物，都是卡拉布里亞的家庭平時會端上餐桌的家常菜。吃進嘴裡，是令人覺得每天吃也不會膩的好味道。

我喜歡吃義大利當地特有的家庭料理，使用當地食材的簡樸家常菜，真的非常好吃，所以當天的歡迎會，令我感到十分開心。

有燙青菜與馬鈴薯的熱炒、燉煮山豬肉與蔬菜，還有炸辣椒等等，這些平凡無奇的簡單菜色，是我的最愛。

這天的義大利麵，是將短麵條放入豆子湯裡煮成的腰豆義大利麵。熱燙的義大利麵，使冰冷的身體獲得最佳的暖意。

幾天過後，我們改在阿妮塔妹妹家中聚餐。這天也來了很多人，姊妹一起準備，端出許多特色料理。雖然還是葉菜類蔬菜、馬鈴薯等燉菜，以及熱炒、炸物等菜色，不過都是些不同於阿妮塔家庭料理的食物。

這天端上餐桌的，有卡拉布里亞與隔壁政區普利亞（Puglia）等，南義大利經常食用的

甜點當然也是自己手工製作。

三代同堂享用晚餐。

冬季葉菜類蔬菜，還有葉用蕪菁，我都非常愛吃。葉用蕪菁與日本蕪菁及油菜花同科，會像油菜花一樣開出黃色花朵，有著很強的苦味，卻少了草腥味。很適合與油一起料理，可以炒來吃，煮義大利麵也很搭。順便告訴大家，在普利亞政區，葉用蕪菁一定會用來搭配歐雷奇耶特（義大利耳朵麵）。

總而言之，卡拉布里亞的蔬菜，食材原味非常強烈，烹煮起來特別美味。

來義大利當然少不了義大利麵，這一天吃的是充滿南義大利風味的義大利短麵，叫做手捲義大利麵。吃法是拌入大量的蕃茄醬汁，另外配上油漬辣椒一起享用。據說在家族裡是很受歡迎的一道料理。

在卡拉布里亞經常使用辣椒。有些原本就已經加過辣椒的料理，大家還是會另外依個人喜好淋上辣油享用。辣油是卡拉布里亞餐桌上的必備品。

雖說聚集了一大群人，不過並非是什麼特別的節日，這是平日晚餐時分的常見景象。大家各自從大盤子中，將想吃的料理舀出，像吃自助餐一樣。

談天說地的內容也是極為一般的家常話，將家庭、職場、鎮上發生的事情當作話題，大聲喧鬧著，氣氛十分熱絡，當然也不能忘了稱讚媽媽們做的菜。

阿妮塔的家人與親戚，經常像這樣聚在一起吃飯。假日的時候，更會從中午開始盛大舉行。阿妮塔這群媽媽製作的料理，每一道我都很愛吃，比起在卡拉布里亞其他餐廳吃過的料理，更令我印象深刻。

南義大利的冬天

其實，阿妮塔是位在東京紀尾井町，「耶里歐．羅坎達．義大利亞那」（Elio Locanda Italiana）餐廳老闆——耶里歐的姊姊。

「耶里歐．羅坎達．義大利亞那」的氣氛，簡直就和義大利當地的餐廳一模一樣。來店的客人除了享用料理，也樂於沈浸在義大利氛圍中。除了義大利人，其他國家的客人也很多，或許就是因為這樣，更讓人有身在義大利的錯覺。

老闆耶里歐經由朋友告知，想與我見個面，因此決定約在他的餐廳碰面。

「你要不要製作卡拉布里亞特集？」耶里歐開門見山地說。

然後不厭煩地向我推銷，「卡拉布里亞是個棒到不行的地方。」

看著家人的笑容，一臉滿足的阿妮塔。

最受家人歡迎的義大利短麵——手捲義大利麵。

卡拉布里亞的餐桌不能少了辣椒。

阿妮塔與耶里歐，感情融洽的兩姊弟。

我對卡拉布里亞很感興趣。我的朋友很早以前就對卡拉布里亞很著迷，曾經去過好幾次，總是聽他分享當地的樸實料理，以及居民的好客性情。

我還發現幾樣有名的特產品。

例如將辣椒加進豬肉裡熟成的特辣香腸，用這個配麵包吃，勁辣美味。還有被當作香料的柑橘類，比如佛手柑等等。

況且有在地人耶里歐當我們的嚮導，讓人覺得非常可靠。

於是，採訪據點便設定在耶里歐的老家切特拉羅，不過一開始並沒有預定要在阿妮塔家搭伙。

這座城市似乎是夏季觀光客常來度假的地方，不過我們的採訪時間卻是在二月下旬。雖然位在南義大利，但還是十分寒冷。

又因為很乾燥的關係，寒風冷冽。早晚氣溫非常低，溫差相當大。我一直以為南義大利很溫暖，小看了這裡的低溫，帶來的衣服大多是以春季服裝為主，只好先忍耐，多穿幾層衣物應急。

當初我們住宿的地方，是在耶里歐自宅附近的飯店。但是事實上，那裡好像是度假飯店，只有春天到夏天的觀光季才會開門營業，因此暖房設備貧乏，我們抵達時完全無法發揮作用。聽說耶里歐為了我們前去交涉，飯店才開放了一部分的房間供我們留宿。

第一天的夜晚，房裡凍到不行，即使開啟暖房設備，也完全不夠暖和。無計可施之下，我們只好多穿幾層衣服，蓋上毛毯入睡。這下子我才切身體會到「寒風刺骨」的感覺，原來是這麼一回事。

隔天我找耶里歐商量，因為在這種狀態下，要住上一個禮拜實在痛苦，耶里歐便提議要去問問能不能在姊姊阿妮塔家留宿。

於是，最後幾天的採訪時間，便改在阿妮塔家叨擾了。

這就是媽媽的料理

《我愛義大利》雜誌中，有一節「媽媽的料理」為主題的連載特集。

我們讓政區媽媽在特集登場，請她們為大家介紹平日在家會做、具當地特色的傳統料理與家常菜。

一大早便卯足全勁做麵包的阿妮塔。

最先出爐的帕內塔。

等待進石窯的麵包。

炒葉用蕪菁與馬鈴薯是家庭料理的終極菜色。

炸紅辣椒最適合當作下酒菜。

這就是媽媽手工義大利麵。

一開始，我們在卡拉布里亞原本安排了其他人選，但是經過深思熟慮，最後還是拜託阿妮塔來幫忙。因為她的料理很好吃，而且最重要的，是她的盛情款待令人銘感五內。

採訪「媽媽的料理」當天，一大早便風和日麗，晴朗的程度，只要待在陽光底下，穿一件襯衫便足夠。這段期間，白天的溫度終於超過了十度，已漸漸有春天的感覺，非常暖和。

我下樓的時間，大約是上午八點左右。阿妮塔在庭院與廚房間忙碌穿梭，好像已經開始在準備些什麼。跟在她後頭一看，發現戶外石窯的柴火已經升起，開始加熱石窯的溫度，同時她正著手準備做麵包。

麵粉的袋子擺在桌上，居然有二十袋，重達二十公斤！

「要做這麼多嗎？」

「這很平常喔！」她一臉淡定。

她拿出大攪拌盆，將兩張椅子擺好，把攪拌盆往椅子上一放，將麵粉一一倒進去，手腳之靈巧令人咋舌。她一邊調整一邊加水，揉捏成麵團。

我興致勃勃地說：「我來幫忙！」主動要來幫她揉麵團。

阿妮塔說：「太棒了，謝謝你！」

雖然很感謝她讓我接手嘗試，不過擺出半蹲使勁的姿勢，揉著含有水分重達二十公斤的麵粉，並不是件容易的事。

她揉麵團時看起來一點也不吃力，不過我才揉沒兩下，手臂與腰部便開始痠痛起來，真是難為情。阿妮塔笑著說：「很難揉吧？不過幸好有你來幫忙。」

阿妮塔一大早便稀鬆平常地，進行這種耗費體力的工作，讓我深深覺得，不管是哪一個國家的母親都好偉大。

事前準備差不多告一個段落，我便與耶里歐一起到切特拉羅的鎮上走走逛逛。

從鎮中心走一小段路，就能往下俯瞰第勒尼安海綿延的海岸線。

這座城市有漁港，所以有「羅薩馬利那」這種特產，其實就是辣椒醃吻仔魚與鯷魚。後來我們還到加工販售羅薩馬利那的店家逛了一下。

舖滿木桶的鯷魚，與辣椒、鹽、迷迭香一起醃漬，再熟成一段時間。可以當作開胃菜直接吃，也能搭配特羅佩亞的名產紅洋蔥，當然也能當作義大利麵的食材，而且這種吃法相當對味。

將大量辣椒加入豬肉中熟成，成為道地的辣香腸。
品嘗時沾點蕃茄醬，就是卡拉布里亞的味道。

羅薩馬利那就是辣椒醃吻仔魚與鯷魚。品嘗的時候與卡拉布里亞的洋蔥拌一拌，就是絕妙的組合。

我將這個特產帶回日本，大量鋪在白飯上吃，沒想到居然和白米飯十分對味，好吃極了。

後來在耶里歐邀約之下，我們直接走進了這鎮上的理髮店。老實說，待在義大利的期間，這還是我第一次踏進理髮店。

說到理髮店，我想很多人都會想到電影《教父》中的暗殺片段。

我不太想要剪頭髮，只體驗了一下刮鬍子。

在義大利，大概每天都會有很多人來理髮店修剪頭髮與鬍子吧？在我之前的旅行經驗中，常看見有點年紀的人，在修剪頭髮與鬍子的情景。或許說他們是在理髮店偷懶還更為貼切。

一坐上歷史悠久的椅子，理髮店的老爹便將熱毛巾敷在我的臉上，沒多久又用刷毛將刮鬍泡塗滿整張臉，接著操起剃刀。

我開始天馬行空地幻想著，就要被狙擊了……眼睛要被刺穿了……，回過神後已經一臉清爽。我記得，費用大約是二歐元左右。

將椅子往後倒，悠閒地讓別人刮鬍子的時候，才知道原來人會變得如此毫無防備。電影中的片段總是如此詮釋，在義大利理髮店裡，無論哪個男人，都會沈浸在無比放鬆的時空下，我想或許就是這麼一回事。

以智慧與巧思，守護餐桌上的笑臉

阿妮塔打了電話來。

「差不多要烤麵包囉！」

這下子得趕緊回去才行，於是草草結束在鎮上的散步行程，返回阿妮塔的住家。

剛好石窯內部的溫度已經夠熱，阿妮塔將窯內的柴火全部取出，清理乾淨。麵包得靠這座石窯的餘溫來烘烤。

經過之前的揉捏，已經靜置大約二小時左右。完成發酵的麵團整個膨脹變大，就好像在說：「快點烤我吧！」看來真的已經準備就緒。

接下來，得要加快動作了。第一種麵包帕內塔（Panettone），要一次用高溫烤好。剛剛放進石窯中，不到幾分鐘便可以出爐。

麵包的香氣在石窯四周擴散開來，這種香味讓人不由得臉部表情柔和起來。

此時配合石窯下降的溫度，烤了三種麵包。

最先烤的是「帕內塔」，其次是「皮塔」（Pita），接著最後是「帕內・得・密里歐」（Panedi Miglio），也就是將松子與葡萄乾加入黑麥麵粉混合，用低溫慢慢烤熟的麵包。

黑麵包「帕內・得・密里歐」，在常溫下可以保存二、三個月。

利用石窯冷卻時不同的溫度，烘烤不同的麵包，真是厲害的義大利生活智慧！

庭院裡熟悉的長桌已經布置完成，依舊是整桌擺滿了卡拉布里亞的家常菜。

這天的義大利麵，是手工製作的螺旋麵。口感富有彈性又充滿嚼勁，與加入自家製辣香腸濃厚蕃茄醬拌一拌，好吃得令人受不了。開胃菜則是體積較大的炸辣椒、淋上辣油的荷包蛋、將煮熟的馬鈴薯壓碎製成的炸包子可麗餅。阿妮塔知道我很愛吃蕪菁與馬鈴薯的熱炒，所以也準備了一大盤。

一如往常，家人團聚，開始享用熱鬧的普拉恩鄒（午餐）。

裝在無標籤酒瓶裡的紅酒，是阿妮塔先生自家製的。在義大利鄉下，喝著自己田裡採的葡萄私釀自家製紅酒，是件稀鬆平常的事。正如字面所示，這就是家的味道。

主餐也沒有特別使用什麼珍貴食材。桌上擺的各式義大利家常菜，大量使用了在卡拉布里亞採得的蔬菜。這些料理雖然平時就吃得到，不過都是媽媽們傾注智慧與巧思烹調而成。義大利的媽媽就是用這種方式，讓餐桌上笑容滿載。

最後我送了花束給阿妮塔，以及這群媽媽、姊妹們。

阿妮塔說：「謝謝你！你的心意讓我非常開心，實在是太愉快了。」她滿心歡喜。

「我也是。」

我很感謝阿妮塔，帶給我非常幸福的時刻。

歡樂的餐桌，意味著家人感情深厚。義大利媽媽的家常菜，扮演著很重要的角色。

CALABRIA 卡拉布里亞

若將義大利半島比喻成長靴，相當於腳尖的部分就是卡拉布里亞。三番兩次受到外國統治，造就複雜的歷史，再加上險峻的高山聳立在內陸地區，這些地理因素，形成卡拉布里亞政區內的方言與文化出現微妙差異。

雖然位於南義大利，但西拉山脈有超過**2000**公尺的高山，一到冬天就會擠滿滑雪客。屬於十分典型的義大利鄉村，地方上特有的人情味、地區性、飲食文化，令人感受深刻。

由於地中海型氣候冬冷夏熱十分明顯，此處所栽種的蔬菜味道濃厚，濃縮了鮮甜風味。尤其是數十種類的馬鈴薯，風味獨具一格。

料理多用辣椒，除了內含炎熱夏季保存食品的智慧，使用辣椒的特產也別具特色。混合豬肉與辣椒攪碎製作而成的辣香腸，就是其中一項特產。塔羅科血橙（橙橘的一種）等柑橘類的栽種，也十分興盛。

卡拉布里亞政區

人口／**201**萬人　面積／**15,079 km**^{2}

PRODOTTI TIPICI DI AGOSTINO E VALENTINA TRICARICO

普羅竇堤・堤皮奇・第・亞葛斯堤諾・耶・沃雷恩堤那・多利卡利可

Vicolo SabGiuseppe snc, Corso San Benedetto, Cetraro
Paese (CS)
電話：+39-0982-999182
營業時間：9:00～13:00

貌美如花的女兒，現在成為父親的左右手，守護著擁有200年以上歷史的老店風味。「羅薩馬利那」是用眼前一片大海所捕獲的吻仔魚與鯷魚，加上卡拉布里亞特產的辣椒、鹽、迷迭香，醃漬2～4個月後的成品。這家工廠乍看之下就像日本的漬物店。除了與葡萄酒十分對味外，也很適合用來搭配日本酒、燒酎，很有卡拉布里亞的鄉村風味。

第五章　艾米利亞．羅馬涅

義大利最美的村莊

艾米利亞．羅馬涅政區，布里希蓋拉村。為「義大利最美村莊協會」所認證的村莊之一。

義大利最美的風景

在低矮的岩山上，有圓柱形的中世紀要塞。要塞有大小兩座，兩座統一稱作羅卡．馬芙雷德亞那．耶．維內記亞那。中世紀以來，這座要塞與位在下方的村莊遭逢數度戰亂，受到破壞再修復而成。這座村落因為成為十五歲少年領主阿斯托．馬芙雷德，以及切薩雷．波吉亞的攻防戰舞台而聞名。

就在這要塞對面的山坡上，有座粗糙的石造時鐘台。要塞與時鐘台可利用後方的山谷來往通行。

從這座要塞所在的高台所能看到的景色，可說是義大利最美的風景之一。這裡就是艾米利亞．羅馬涅（Emilia Romagna）的布里希蓋拉村（Brisighella）。第一次登上這座高台，是在二〇一一年六月，為《我愛義大利》進行採訪的時候。站在此處可欣賞層巒疊翠，後方更是一整片廣闊青空，令人心情舒爽，很想一直待在原地。正下方的村莊殘留中世紀的風采，以教堂為中心，是排列有序的街道，以及清晰可見的紅瓦屋頂。遠景的疊翠與中世紀城市的紅瓦，兩相交織形成美麗的景色，即便在義大利，也很難欣賞到這番美景。

布里希蓋拉最為人所知的名勝景點，就是要塞與時鐘台，另外還有其他特色建築。四、五層樓高的建築物，在山坡下建造得整然有序，縱向區隔的外牆，分別漆上粉彩色。二樓設有弧形的窗戶，有窗戶存在的地方，就是橫向貫穿建築物的通道。據說這裡在戰爭時，可以用來當作保壘。

這個村莊從中世紀開始就是石膏礦場，挖出來的石膏由驢子背著，利用這建築物裡的通道進行運送。

布里希蓋拉的魅力，不僅是這些美麗的建築物。這個村莊自古便以橄欖村聞名，橄欖油產量雖少，但優良品質備受好評。利用此處所孕育的諾斯特拉那．德．布里希蓋拉品種，以及吉亞秋拉品種的橄欖所製成的橄欖油，入喉時殘留的辛辣與苦味是一大特徵，在物以稀為貴之下，成為橄欖油愛好者趨之若鶩的極品。

生產這種橄欖油的布里希蓋拉農產品協會，直營的銷售據點也十分特別。雖然位在室內，但整個就像座加油站一樣，設有類似加油機的設備，無論是葡萄酒或是橄欖油，都能秤

布里希蓋拉，這個飽受戰禍的村莊，依舊美麗如昔，
靜靜地佇立著，迎接觀光客的到來。這棟建築物的二
樓，正如左側照片所示，其實是一條通道。

以前這是一條驢子運送石膏的通道。即使到了現代，仍舊被當作日常道路使用。

重計價來購買。除了本地人之外，耳聞風評不錯的旅客，也會大老遠帶著容器前來購買葡萄酒與橄欖油。

一年兩個月前，我曾經為了採訪而來到這裡，當時我是以私人名義來造訪布里希蓋拉村。因為打自前一次採訪過後，心裡便一直很想再次站在高台上眺望風景。

上次因為採訪的關係，我們是從因「馬爵利卡陶器」而聞名的法恩札（Faenza）趨車前往，不過這次時間充裕，所以打算搭電車過去。開車的話，約莫十五分鐘的距離。搭電車也是一下子就能抵達，只不過班次不多，大約兩個小時才來一班車，等車時間還比坐車久。

我在法恩札的車站買了帕尼尼，打算邊吃邊等車。電車雖然已經進入月台，不過距離發車還要很長一段時間。完全乾掉變硬的麵包，正好拿來打發時間。我慢慢地啃著硬梆梆的帕尼尼，少說等了一個小時的時間，電車才終於動了起來。

只花了十分鐘左右，便來到布里希蓋拉車站。

這是個鄉下的小車站，氣氛悠閒。

走出車站，抬頭往山坡一看，就能看見布里希蓋拉的象徵，要塞與時鐘台。朝著那個方向爬上緩坡，可到達村莊的市中心。村莊雖小，但四處都能感受到悠哉的氛圍。街角的環境都有人打理，可看出居民們井然有序的生活樣貌。除了風景與要塞之外，這裡還有更多抓住旅人目光的素材。幸好，我再來了一趟。

思念兒子的父親

從要塞走下坡道，「里斯多拉恩特．拉．羅卡」（Ristorante La Rocca）飯店就位在那個地方。老闆兼主廚達尼耶雷，與他的母親迎接我的到來。

達尼耶雷是餐廳附設飯店的第三代傳人，繼承了羅馬涅傳統料理的烹調手法，在米蘭以及外國也累積了不少經驗，是這一帶風評最佳的料理人。

當初為了採訪而停留在這個村莊，那段期間一直受他父親馬利亞諾先生的照顧，但是馬利亞諾先生在去年過世了。

我一直很想再與馬利亞諾先生見上一面。

我操著蹩腳的義大利話表達我的想法，告訴他沒辦法見上一面真的感到很遺憾，兩位則向我說了聲「謝謝」。

布里希蓋拉農產品協會裡頭販售著橄欖油與葡萄酒。
雖然看起來好像一座加油站，不過味道可以掛保證。

十分認真，為人又誠懇的達尼耶雷，料理技術不容質疑。

馬利亞諾以第二代的身分經營飯店與餐廳，受到旅人極高的評價。一年前的採訪時，則已經完全交棒給兒子達尼耶雷。

馬利亞諾先生乍看之下，好像既難相處又頑固，讓人感覺這個人有點可怕，不過事實上他卻是個體貼入微，溫柔到不行的人。

有一次，他採了路邊的薰衣草花，遞給了採訪團隊中的女性們。看到他那嚴肅的男性臉龐鬆懈下來，笑容滿面的樣子，讓我的心情也跟著放鬆下來。

他感覺起來十分焦急，或許是擔心繼承自己家業的兒子，是否能好好經營這家飯店與餐廳。這種為人父的心情，從他如此關心遠道前來採訪的我們，就能感受得到。

還記得在採訪時，我請達尼耶雷為我們介紹羅馬涅地區傳統料理的菜色，但在採訪的每一個過程中，馬里亞諾都會提出建言。雖然我們只是日本一家名不見經傳的媒體，他都認為可能會對兒子的未來有所助益，二話不說傾注全力協助，可說是為人父的用心。

達尼耶雷已經是個風評頗佳的料理人，所以馬里亞諾插手到這個地步，讓人覺得有點多此一舉。但在另一方面，我認為對於飯店與餐廳而言，馬里亞諾的影響力還是相當大。

乍看之下強勢又桑榆暮景的男人，為了兒子的未來勞心焦思。我想這也是重視家庭的義大利，才能見到的一種風俗民情。
與達尼耶雷聊過之後，他似乎尚未從痛失父親的傷痛中平復。
「無論是料理製作、管理旅店、早餐的咖啡廳，我全都得一肩扛起。真的很累人呢！」
雖然他沒有說出口，但還是讓人感受得到，他話中有話的內心寂寥。
再加上義大利的經濟現況、歐洲的危機，也為這種小村莊帶來了不小影響。
我還是用一口不流利的義大利語，告訴他：「只要我做得到的，都會盡力幫忙！」但是不知道他聽懂了沒？
「佛爾札！（加油！）」說完後，這句話他倒是有聽懂了。
這一天我依舊爬上要塞，散步到時鐘台。
馬里亞諾先生存在過的地方依舊沒變，布里希蓋拉的風景仍然很美。
即使村莊的景色不變，但是圍繞著這些風景的人世間，卻分分秒秒變化著。還有，人會年華老去，最終步向死亡。
始終如一的風景以及變化多端的風景，兩種風景交錯在義大利首屈一指的美麗村莊裡。

布里希蓋亞村莊市中心有吸引人的早市。後方的要塞聳立著，就像在守護村莊一樣。

馬里亞諾先生露出淘氣的一面。

EMILIA ROMAGNA
艾米利亞·羅馬涅

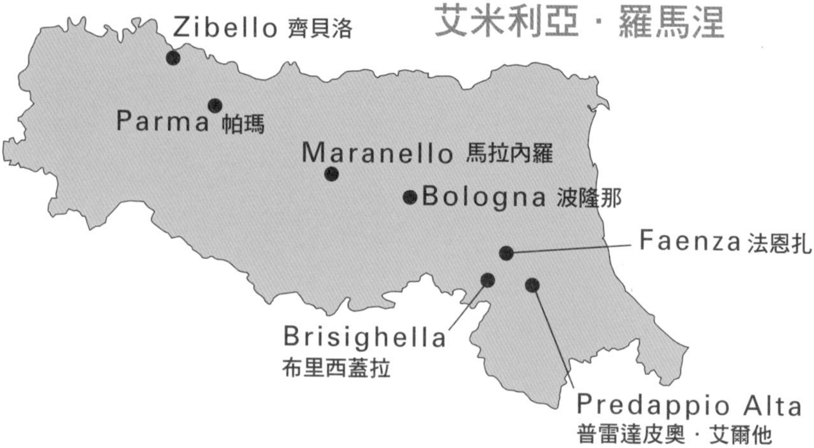

政區首府波隆那是中世紀歐洲最繁榮的都市，也是學問與藝術之都。號稱世界最古老的波隆那大學，有伊拉斯慕士、哥白尼、但丁等知識巨人輩出。名門波隆那歌劇院，更是義大利最具代表性的歌劇院，眾所皆知。

以波隆那為界，東側屬於羅馬涅地區，西側則為艾米利亞地區。這兩個地方過去的歷史本就有所差異，但在國家統一後，合併至今仍未滿150年。雖屬同一政區，但艾米利亞人生性勤勞優雅，羅馬涅人則率直且富有人情味，氣質各有所異。

艾米利亞地區有日本人也十分熟悉的食材，例如「巴沙米可醋」、吉貝洛的「古拉泰勒火腿」、帕馬的「帕爾瑪火腿」與「帕馬森起司」等等。莫德納省的悠閒小鎮馬拉內羅，則為知名跑車法拉利總部的所在地，設有法拉利博物館。

羅馬涅地區黏土層孕育出的優質葡萄，可釀造葡萄酒，尤其以山吉歐維榭品種的葡萄酒最為傑出。而普雷達皮奧為墨索里尼的故鄉，現今仍有許多人造訪。

此外，這個政區也是生義大利麵的發源地，肉醬義大利麵（一般稱作波隆那肉醬義大利麵）以及千層麵等世界聞名的料理，皆誕生於此處。

艾米利亞·羅馬涅
人口／**446**萬人　面積／**22,451 km^2**

Hotel Ristorante LA ROCCA

里斯多拉恩特·拉·羅卡飯店

Via Della volte, 10 – 48013 Brisighella (RA)
電話：+39-0546-81180
營業時間：12:00～14:30 / 19:00～22:30
※飯店全年無休
餐廳星期三　1月份暫時休業
www.albergo-larocca.it

位在要塞與時鐘台正下方，爬上山坡，就是眺望布里希蓋拉的絕佳地點。老闆兼主廚達尼耶雷，熱情洋溢地宣揚著布里希蓋拉的迷人之處，更依循這片土地的傳統，運用身在米蘭與外國的經驗，烹調出一道道料理。在這裡可享用到融合傳統與創新的獨創風味。

第六章　皮埃蒙特

肉食者的貪欲與誠實

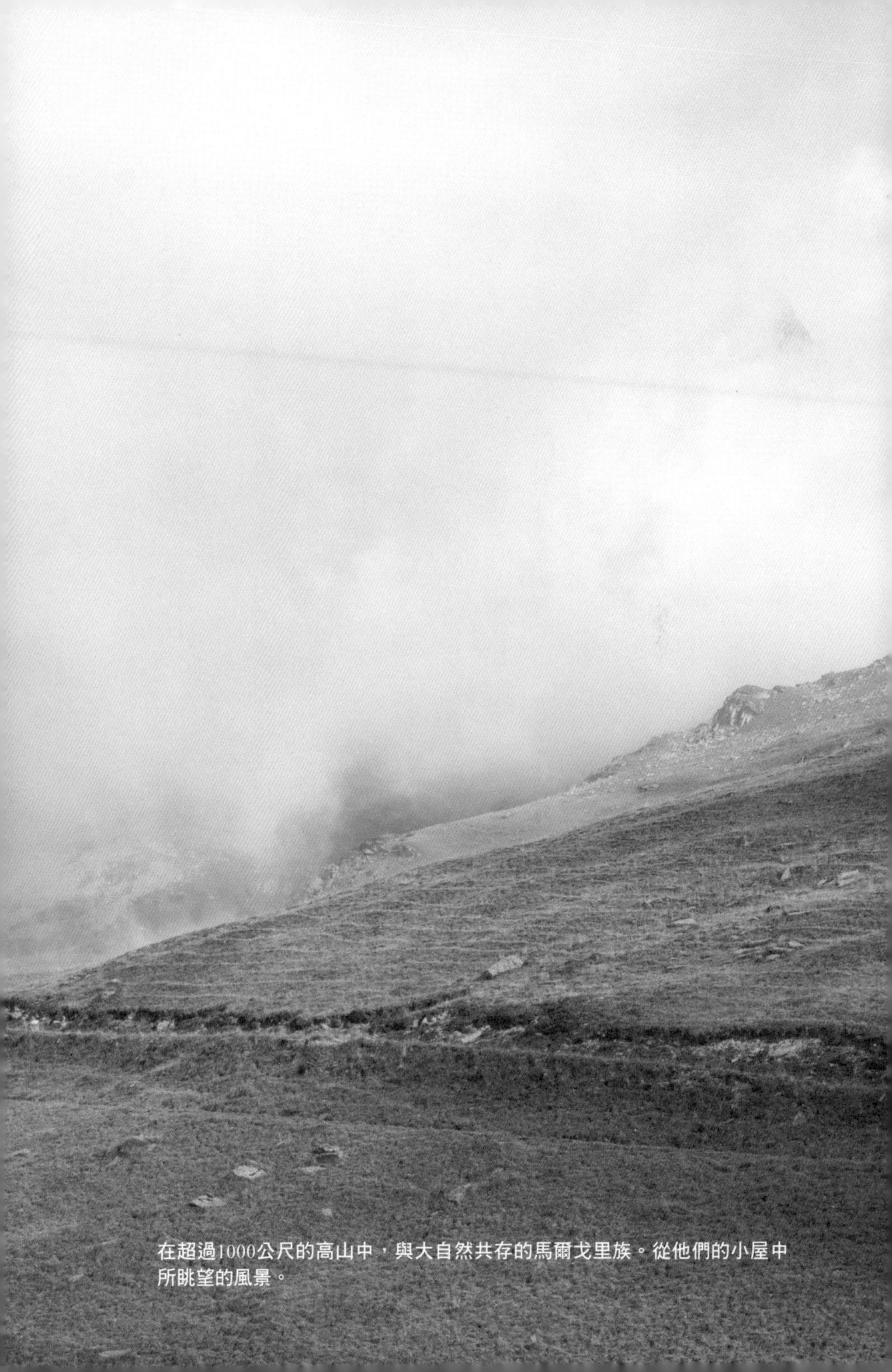

在超過1000公尺的高山中，與大自然共存的馬爾戈里族。從他們的小屋中所眺望的風景。

馬爾戈里族的奶油玉米糊

夏天是起司最美味的季節。愛吃起司的皮埃蒙特吉（皮埃蒙特人），最了解箇中滋味。我第三次來到皮埃蒙特（Piemonte）旅行的目的之一，就是來吃夏天的當令美味，多馬（Toma）起司（正確名稱為多馬．皮埃蒙特賽）。

多馬起司是由牛奶製成的硬質起司，也是皮埃蒙特的DOP（P.148）。皮埃蒙特生產各式各樣的起司，但是其中最吸引我的，就是馬爾戈里族所製作的多馬起司。

馬爾戈里（margari）是皮埃蒙特的原住民，以畜牧業及農業維持生計，基本上過著自給自足的生活。他們也會使用汽車或家電產品，不過日常生活還是非常重視舊有的生活模式，以及人與人之間的感情。

為了去吃馬爾戈里的多馬起司，我委請克拉伍迪歐同行，他是我在皮埃蒙特最景仰的一位大哥，為《我愛義大利》皮埃蒙特特集進行採訪時，承蒙他很大關照。健壯的體格，五官深邃的臉龐，總是泛著似有若無的笑容，非常有魅力。熱愛閱讀與音樂，對於料理以及葡萄酒的造詣頗深。最重要的是，他是一名獵人，在野外就是個不折不扣的野人。他的妻子稱他為「原始人」，不過他那知性與野性共存的性格，令我十分嚮往，所以我尊稱他為「知性原始人」。

克拉伍迪歐認為，既然要吃馬爾戈里的多馬起司，不如吃「奶油玉米糊」（Polenta）。玉米糊是由玉米粉料理而成，就像粥一樣，奶油玉米糊則要將玉米糊與起司，再加上微焦的奶油拌勻享用，屬於皮埃蒙特與奧斯塔等北義大利的傳統料理。過去我以為奶油玉米糊一定是冬季料理，沒想到並不是這麼一回事。而且克拉伍迪歐還說：「想吃好吃的奶油玉米糊，就要去爬山！」

他說，我們要一路爬到一二〇〇公尺高山的半山腰，直到馬爾戈里族的山中小屋，在那裡享用奶油玉米糊。

馬爾戈里族等待雪一溶化，從春季開始到整個夏天，都會在山中度過，從農村生活轉變成山區生活。

他們會在標高一二〇〇～一五〇〇公尺左右的山中小屋生活，在那裡放牧。因為牛隻本來就適合飼養在涼爽的高山上，而且剛發芽的新鮮青草，就是最棒的飼料，所以夏天的山區對牛隻而言，是毫無壓力的環境，心情也會變得十分舒暢。因此當地人表示，用夏天擠出來

克拉伍迪歐大哥，是個值得信賴的男人。他正在烤的肉，就是在「摩斯卡」買的。

亞伍古斯特繼承了塞拉倫加達爾巴村的名店，「朱塞佩‧卡佩拉諾博士」。面對悠久的歷史，延續著傳統，同時也吹起了新氣息。

的新鮮牛奶製成的多馬起司，是一年當中最美味的起司。

馬爾戈里族的每個家庭，都會使用自家製的多馬起司來製作奶油玉米糊。奶油玉米糊為高脂高熱量的食物，對於在高山地區從事放牧或勞力工作的人而言，是最適合用來補給能量的食物。若在平地，只會在冬天烹調這道料理，不過對馬爾戈里族而言，卻是支撐夏天重度勞動的珍貴美味。

經由大哥說明，了解箇中典故，再叫我步行爬到位在一二〇〇公尺高的山中小屋，我變得甘之如飴。或許我已更能領悟奶油玉米糊的可貴之處。

到了前往山中小屋這一天，雖然高山本身並沒有那麼險峻，但卻沒有登山步道可走。我拄著馬爾戈里族在山間生活使用的木杖，跟在克拉伍迪歐大哥後頭，走在不成道路的路上。不愧是「原始人」，即使爬著山，也步履如飛，體力極佳。途中，野兔蹦蹦跳跳地跑出來，大哥突然見獵心喜。雖然此行的目的並不是要打獵，但還是挑起了他的獵人魂。

大概爬了一個半小時左右，終於抵達了目的地的山中小屋。山中小屋的周圍放養著雞隻，豬隻則在專門蓋的小屋內睡覺。

剛生產的母狗，大概是因為發現了陌生人而感到不安，所以一直吠叫著。

山中小屋的附近，有處地方會湧出泉水。大哥立刻用湧水洗臉，潤潤喉嚨。我也喝了點水。水不但清涼又溫醇，味道十分順口。登山流了許多汗之後，這水更是難以抵擋的甘美。空氣也與山下截然不同，冷凜又清澈。對於汗涔涔的身體來說，這種空氣令人神清氣爽。

馬爾戈里的老媽媽雷娜塔女士，在山中小屋迎接我們的到來。她是大哥的朋友，今天的奶油玉米糊就是由她為我們製作。

馬爾戈里族擅長製作起司的人不勝枚舉，但其中由雷娜塔女士所製作的起司深受料理人的好評。她依循著一如往昔的作法，使用脫脂鮮奶，手工製作多馬起司。仰仗著她的經驗與直覺，從不出錯。製作完成後二至三個月為最佳賞味期，新鮮的起司則少了多馬起司特殊的強烈風味，只保留牛奶的鮮甜，比較容易入口。

一走進小屋裡頭，玉米糊似乎已經在火上烹煮了，那種獨特的香氣充斥整個房間。空腹也起了加乘作用，讓人忍不住食欲大開。

過了一陣子，放牧時間結束，牛隻紛紛回來了。我走到室外眺望這種景象，只見外觀紅褐色的牛群，正井然有序地走回自己的牛舍。對於山區生活，每條牛都是一臉滿足的神情。

馬爾戈里的老媽媽雷娜塔女士，手上拿著的，正是無與倫比的美味——手工多馬起司。

為《我愛義大利》採訪馬爾戈里，當時在回程路上遇到的牛與山羊。

餐點終於準備完畢。參與午餐的人，共有我們與雷娜塔女士一家人，還有她的夫婦友人。小小的山中小屋感覺已經容納不下其他人，大家肩碰肩地圍著餐桌。

桌上早已擺滿分裝用的小盤子，還有開胃菜。

開胃菜有幾種自家製的香腸，以及櫛瓜、茄子等夏季蔬菜的燒烤。

香腸的盤子上，還配上自家製的奶油，大家都將奶油沾在香腸上享用。雖然是個令人意想不到的搭配，不過試吃過後，發現無鹽奶油可讓香腸的風味更加圓潤，並不難吃。

不過接下來還有高熱量食物在等著我，所以只先吃這一片忍耐一下。

沒多久，雷娜塔女士開始將脫脂鮮奶所製成的多馬起司，放進鍋中的玉米糊裡，慢慢攪拌使起司融化。

多馬起司開始融化，香氣令我的心開始雀躍起來。

就在開胃菜吃完的時候，焦香的奶油香氣緊接著飄散開來。

當然這也是自家製的無鹽奶油，所以香到令人受不了。

雷娜塔女士將煮玉米糊的鍋子離火，拿著網篩小心翼翼地將焦香的奶油倒進鍋中。看來離火應該是個關鍵，因為奶油一旦過焦，就會有損米玉糊、起司、奶油的整鍋風味。焦香奶油全部加進鍋中，快速攪拌一下便完成了。

雷娜塔女士將奶油玉米糊分裝到每個人的盤子裡，大家顧不得正在聊天或是攝影，開始急著想要趁熱開動。

雷娜塔女士的家人，以及克拉伍迪歐大哥，一轉眼便盛了第二盤來吃。

因為一旦放涼變硬，就會白白糟蹋這難得的美味。

玉米糊裡頭，還殘留著沒有完全融化的多馬起司塊，一口咬下，口中瀰漫起司的甜味與香氣，另有一番驚喜。我覺得彷彿有股新鮮的青草香。

克拉伍迪歐大哥看到我的表情，好像發現了什麼，滿意地微笑著，他說他也很喜歡吃這種起司塊。

「夏天，在一二〇〇公尺的山中小屋，與馬爾戈里族一家人，享用當季多馬起司料理而成的奶油玉米糊。」——在大哥巧妙的安排下，讓我嘗到了最棒的多馬起司。

餐後稍作休息，我向雷娜塔的先生請教，最愛吃她製作的哪一種起司？我以為他一定會回答，是剛才奶油玉米糊中所使用的夏季當令多馬起司，結果並非如此。他手指著的，是冬天在山腳村莊製作的起司。當下我與大哥四目相接。

這是馬爾戈里的歐爾歌女士工作場所附近的風景，她是製作貨真價實純天然奶油的名人，這種奶油只有在這裡品嘗得到。她的山中小屋就位在半山腰。

皮埃蒙特首席牲畜肥育家，帕歐羅先生家的中庭。一家人在這裡與九頭超過一噸重的去勢牛隻一起生活。

原來如此。

對於起司的喜好，是因人而異的。

深受居民擁載的美食舖

整間店的週長，大概有三十公尺左右吧？

店內遍布著長長的展示櫃，在這裡，除了上等肉類，還擺滿了各種肉臟等部位，以及大量起司等食材，甚至還有熟食以及甜點等等。

這家店，是一九一六年創業的老字號美食舖，「馬切雷里亞・摩斯卡」（Macelleria Mosca）。

對於饕客級的旅人而言，我覺得這家店的存在十分危險，因為時間與荷包會在瞬間蕩然無存。

熟食與新鮮起司，會讓人想要帶回旅館，配著葡萄酒一起品嘗，珍貴的食材則想當成伴手禮。一不小心，就會買下一大堆快要讓人提不動的食品。

因為身在旅途中，不得已只能放棄購買生肉的念頭。最主要的牛肉，再加上豬肉、雞肉、羊肉等皮埃蒙特出產的家畜與野味，各種部位的肉在這裡都找得到，光看就讓人過癮。就連兔子都是赤裸裸擺在店裡，真不愧是肉食主義的皮埃蒙特人深愛的店家。全都是些沒見過的食材，逛著逛著，時間稍縱即逝。

這間摩斯卡所在的比耶拉（Biella），位在皮埃蒙特的北部，正好位在米蘭與托里諾的中間位置，是個人口不到五萬人的小型城市。

在這城市裡，「摩斯卡」的存在應該無人不知，無人不曉。它的存在甚至成為了城市的象徵。

只要店有開門，不管什麼時間，客人都絡繹不絕。

常來光顧的太太們嘟囔著，「不知道今天晚餐該準備什麼」，然後跟店員閒聊幾句，就會曉得該買些什麼。

店員多是長年任職的資深員工，可以看到他們全身散發出專業風範。即便與客人們開心地閒話家常，同時也正俐落地分切客人吩咐的肉品。看起來氣氛相當愉快。

第一次造訪這家店的時候，當時是為了採訪，所以請教了第四代老闆喬沃尼・摩斯卡先

「摩斯卡」裡頭陳列著各式各樣的肉類部位，全都是安心、安全的食材！

一到傍晚，「摩斯卡」店內就會擠滿前來採買的客人。經驗老道的店員在接待客人時，凡是來店超過兩次以上的客人，都能掌握他們的喜好。

生一些問題。

採訪過程中，他總是笑臉可掬，言談之中表露出引以為傲的神情與自信。原來喬沃尼先生每天早上五點起床，六點半到店裡。周而復始的每一天，卻總是樂在其中。令人不禁懷疑，他是真的這麼熱愛這份工作嗎？

訪談當中，我發現這家店真正吸引人之處，除了食材豐富齊全，更在於提供這些食材的態度。從食材挑選，到加工、接待客人為止，所有層面喬沃尼先生都非常用心。我想正因為如此，才能栽培出真正可以談得上專業的店員。這應該也就是幾十年都願意上門光顧的熟客，以及鎮上居民會一直信賴他們的原因吧？

第二次造訪比耶拉時，有機會與喬沃尼先生的兒子亞爾貝爾多先生，以及女婿伊沃先生、負責高級肉品的資深店員皮耶羅先生一起用餐。

他們表示，想為上次造訪時向他們採訪一事道謝，因此招待我去老主顧的餐廳用餐。在這裡我享用到了最棒的肉類料理，這些全是摩斯卡專家們嚴選出來的食材。

開胃菜是盛滿大型深盤的卡爾內可爾達（生牛肉片）。

女侍者拿著深皿巡迴每個座位，告訴大家喜歡多少盡管取用。這種生肉的供應方式，我之前從未體驗過。我不知道是否適量，用湯匙取了兩匙放在小盤子上，將這些生牛肉放進嘴裡試味道。

當下，我為初嘗的美味驚訝不已。這樣的生肉，我從來都沒有品嘗過。只有用鹽與橄欖油簡單調味的生肉，竟然完全沒有腥味與嗆味。生肉的清甜味與鮮味，好吃到令人不禁懷疑這是否為肉類。同席的三人理所當然地取用了二次至三次，而且也都三兩下便吃個精光。

我考量到後續會端上桌的餐點，一時片刻猶豫了一下，不過還是忍不住那美味的誘惑，於是再取用了一些，那種感動再度滲透全身上下。

接著，端上桌的是綜合燉肉被端上桌來。綜合燉肉是皮埃蒙特與北義大利的傳統料理，將牛鼻、牛腿、牛舌等各種不同部位，與蔬菜一起燉煮，再沾著數種醬汁食用。看起來有點類似火鍋、關東煮的料理。

配膳車上的容器裡，盛放著各種肉類不同部位的肉塊。我們從中挑選幾個喜歡的部位，主廚一邊說明一邊為我們分切。喬沃尼先生說他最愛吃這裡的綜合燉肉，所以我一直很想來這家店嘗嘗看。

喬沃尼．摩斯卡先生。憑藉著精準眼光以及童叟無欺的生意原則，獲得客人長年以來的信賴。

優秀的團隊默契，正是「摩斯卡」之所以為「摩斯卡」的原因。

煮這道料理，食材的事前處理也得很小心，不同的燉煮部位，烹調時間與作法都會有所不同，因此是道比外表看起來更費功夫的料理。一起燉煮，才能煮出具有深度的多層次風味。品嘗不同部位，多方比較，可以嘗到不同的口感，這種經驗在日本很難體驗得到。他們三人依舊狼吞虎嚥，又再吃了好幾盤。

看著在摩斯卡工作三位大師的吃相，讓人深刻感受到皮埃蒙特人對於肉類有多麼飢渴。我想這種貪欲，正是摩斯卡忠於食材的初衷。

就這樣，我也全然淪為摩斯卡的俘虜。第三次造訪比耶拉時，果然還是來到了這家店。當大門開啟時，整而心情躍然而起的感覺，真好！

這天展示櫃裡依然陳列了許多食材，店裡還是一樣興隆，熟識的臉龐，一如往昔地招待著客人。

周而復始的每一天。一瞬間令人感覺到，一成不變的重要性。

*DOP為義大利針對葡萄酒與橄欖油這類的傳統食品的「原產地保護標示」，當農產品的生產、加工、製造過程都採用公認且既定的程序，在特定地理區域內完成，才得以適用此稱呼。

義大利電車之旅

在義大利只要一提到電車，「延誤」被視為理所當然的事，準時發車或準時抵達近乎奇跡，很少聽到好的評語。

為了撰寫本書，我在2012年夏天，停留在義大利一段時間。我從皮埃蒙特的比耶拉出發，以翁布利亞的阿美利亞為據點，到普利亞、馬爾凱、艾米利亞．羅馬涅等各政區，前去拜訪無論如何都想再見一面的人。而且想看看義大利有別於開車移動採訪時所見的風景，於是在那段期間，所有的移動都是利用電車。儘管我有點不安，擔心究竟能否確實到達目的地，不過想說「就算發生一點意外也無所謂」，而且是一個人的旅行，於是便放寬心出發了。

沒想到包括每站停車的地方支線，這段期間我搭過的數十趟電車，僅有一次延誤，而且那次也只有10分鐘左右，其餘全都準時抵達、準時發車。這真令我不敢置信。有一說，是因為造成電車延誤的司機開始會受到嚴厲處罰，被處高額罰金的原故。到了目的地與當地義大利人談起這件事，沒有一個人敢相信。因為他們本身的日常生活大多以開車為主，對於電車的消息十分生疏。

雖然電車的出發與抵達時間準確，一點都不像義大利，不過乘客的樣子看起來卻與日本相去頗大。拿著手機大聲講電話十分稀鬆平常。也有人在禁煙車廂的廁所抽煙，造成車內煙霧瀰漫。擁擠的車內，年輕女孩們將包包放在座位上佔據，不會想要挪開。不過在度假季，可以看到一般的義大利人利用電車移動的模樣，也算是一趟很愉快的旅程。但是其中最令我驚訝的是，從車內廁所的馬桶底部，居然可以看到鐵道。

人氣十足的移動式帕尼尼店老闆，安東尼歐先生在比耶拉的車站前誇下豪語說：「只要問別人『東尼・帕尼尼・播尼』在哪邊？大家都會知道！」

在比耶拉市場發現的帥哥——達尼耶雷。他們全家都在製作起司。這裡的多馬起司也是相當不錯的傑作。

PIEMONTE 皮埃蒙特

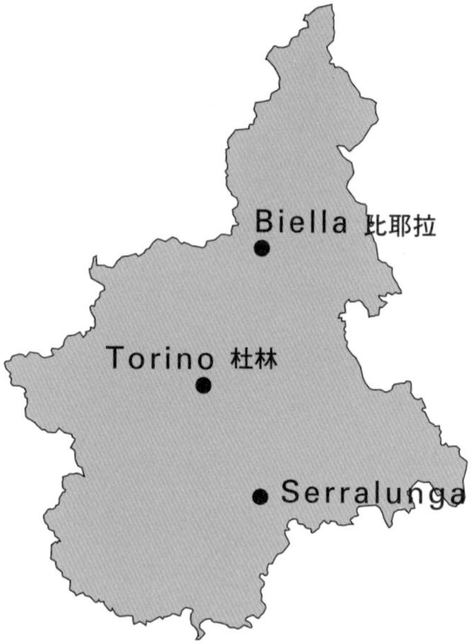

代表義大利的汽車製造商，飛雅特總部的所在地，並以義大利數一數二的工業都市杜林作為政區首府，算是相當富饒的政區。

托里諾自16世紀左右開始，便在薩沃亞家族的統治下不斷發展，1861年義大利統一時，成為最初的首都。藉著2006年冬季奧運開幕之際，發展成世界知名的觀光地區。

這裡也是一個以美食聞名的政區，例如巴羅洛、巴巴萊斯科等著名高級葡萄酒，以及優質的皮埃蒙特牛、白松露、牛肝菌，還生產數量眾多的起司等等，每樣都是實實在在的食材，品質優異。

眾所皆知，這裡也是將慢食運動推廣至全世界的地方，讓人重新看待在地方上生根的傳統食材以及飲食文化。

比耶拉主要是以羊毛生產高品質纖維，繼而繁榮起來的城市。

皮埃蒙特政區

人口 / **446**萬人　面積 / **25,402 km^2**

MACELLERIA MOSCA

馬切雷里亞・摩斯卡

Via S. Filippo ang.via S.G.B. della Salle – 13900 (BI)
電話：+39-015-23181
營業時間：8:00～12:30，16:00～19:00（星期六15:00～19:00）
星期日、一休息　1月及7月底左右分別休息2個禮拜
www.moscagastronomia.it

來到比耶拉一定會想去走走的美食舖。除了肉類之外，還有數十種的起司、熟食、義大利麵等乾貨，橄欖油、奶油、蔬菜，以及皮埃蒙特餐桌上少不了的食物，除了海鮮類以外，幾乎全都有賣。只要從展示櫃的一頭望過去，幾乎就能全盤了解皮埃蒙特人、比耶拉人的飲食習慣。不過得小心別浪費太多時間與金錢。

第七章　馬爾凱

愛心滿滿的奶油培根義大利麵

馬爾凱的海邊給人一種親切的感覺。

ISOLA
ECOLOGICA
RACCOLTA
DIFFERENZIATA

令人懷念的大海顏色

第一次造訪馬爾凱（Marche），是在二〇〇四年的二月。

當時印象最深刻的，就是烏爾比諾（Urbino）以及馬切拉塔（Macerata）等山區的城市。公爵宮位在烏爾比諾的市中心，保留著中世紀的影子，沿著數不盡的坡道所構成的街道，給人一種寧靜的氛圍，引人入勝。馬切拉塔則有斯菲利斯特利歐野外劇場，建築十分宏偉，可以想像得到，夏天舉行的歌劇慶典會有多麼熱血沸騰。

那一次我還去了馬爾凱的臨海城市，只不過，冬季的亞得里亞海漆黑又寒冷，這點著實令我感到相當遺憾。

為《我愛義大利》的採訪來到馬爾凱，則是在事隔七年後的九月，還是個有著夏日豔陽高照的季節，與冬天的馬爾凱截然不同。此時正逢度假季結束之際，海邊城市的風景以及大海顏色令人印象深刻，當時我心想，下次一定來看看盛夏的馬爾凱與那片大海。第三次造訪則是在二〇一二年的八月，當時則是正逢度假季，人聲鼎沸的季節。

三度來到馬爾凱，說什麼都一定要再次造訪的一個地方，就是從安科納（Ancona）南下，搭電車約三十分鐘遠的奇維塔諾瓦（Civitanova）。這座城市最自傲的一點，就是擁有面向亞得里亞海，長達八公里的海灘。

盛夏的海灘上，有許多人在享受海水浴與日光浴。海岸線的每棟海灘別墅，被不同色彩的陽傘點綴得五彩繽紛。

站在海灘上望向大海，大海的顏色果然不太一樣。當下我才發現，馬爾凱的大海顏色，與我過去在義大利見過的任何一片大海，皆不盡相同。

不像薩丁尼亞島那般透明到令人難以接近的藍色，也不同於亞馬菲與卡普里的碧藍色大海。馬爾凱的大海色調，是藍色混合少許的黃色，這種顏色令我感覺十分懷念與親切。會有這種感覺，大概是因為很類似日本大海的顏色吧？我曾在日本聽漁夫提起，這種顏色的大海，才能夠捕捉到美味的魚。

我愛上了馬爾凱這樣的大海。

奇維塔諾瓦這個城市，是個很適合散步的城市，面積大小也剛剛好。

在路上，除了義大利人，還能看得到來自不同國家，曬到一身黑的觀光客。街道邊，有

拿著大盆子，前來購買波多諾伏（Portonovo）海岸
天然淡菜的女性。一片令人心情愉悅的景色。

阿斯科利．皮切諾的熟食店——「米利歐利」店內的模樣。

許多可以感受到古老傳統的店家，也看得到流行時尚的商店。小咖啡廳以及海灘別墅型的餐廳，更會喧騰到半夜。

由於許多都市的度假客會專程來到這裡，所以最近也有很多餐廳注重健康取向，提供養生料理。

這裡也有漁港，漁市場則位在市中心。不僅是觀光，就連漁業也很發達。

星期六會舉行大型市集，街上會出現攤販，販賣食材、衣物、生活必需品等等。擺設攤販的主要都是當地人。

「逛市場」是最能融入當地生活的方式。僅是逛逛攤販，瞧瞧採購客的模樣，隨意走走也很開心。

深受當地人喜愛的海鮮

「戈比亞諾餐廳」（Ristorante Gabbiano）位在距離市中心有段路程，靠近海灘的那一端。

雖然許多餐廳大多以服務度假客為主，但是其中也有那麼幾間餐廳，廣受好評，連當地人自己也常去光顧，更強烈推薦我前往的，那就是「戈比亞諾餐廳」。

這家備受歡迎的餐廳有附設住宿設施，一到夏季，就連二樓座位也座無虛席。無論是外來客或是奇維塔諾瓦的居民們，都很喜歡來這裡用餐。

這家店開幕於一九六七年，當時只是家咖啡廳。第一代老闆去世後，身為漁夫女兒的老闆娘重新開門營業，轉型成以海鮮料理為主的餐廳。

現在餐廳則由她的孩子，四個兄弟姊妹一起和睦經營。

即使改朝換代，賣的當然還是海鮮料理。

蝦、花枝、吻仔魚等油炸類，以及馬爾凱風味海鮮湯、鮮蝦義大利麵等等，店裡提供的每道菜色，都會讓愛吃魚的人眼睛為之一亮。

不過這裡最值得一提的招牌料理，應該還是海鮮燉蔬菜義大利麵，又叫作塔利亞特雷（Tagliatelle，義大利寬麵）。

將蛤蜊、花枝等海鮮切碎，與洋蔥、蒜頭一起燉煮，再用鮮美無比的燉菜來搭配手工塔利亞特雷。手工義大利麵會與燉菜高雅地交織在一起，燉菜可突顯麵條的口感，同時讓口中餘味無窮。這種感覺真是無與倫比。

雖然是道簡單的料理，但是搭配從這片大海中捕獲的食材，優點一目瞭然。如果來到奇

從魯安娜女士纖細身軀裡所散發出來的能量，支撐著「戈比亞諾餐廳」的味道。

亞拉・馬利那拉・塔利亞特雷（海鮮燉蔬菜義大利麵）真是絕品！快去奇維塔諾瓦吃看看。

維塔諾瓦，這道料理絕對不容錯過。

廚房裡頭，一頭極短髮的女性正在翻動著平底鍋。她是老闆四兄妹之一，主廚魯安娜女士。穿著一身運動裝扮，滿身大汗，同時手腳俐落地指揮助理，神情愉快地料理著。

為《我愛義大利》前來採訪時，我曾經聽說過她的故事。

魯安娜女士對於料理堅持三大理念。

廚房隨時保持清潔。

僅使用嚴選食材。

堅持蕃茄與橄欖油的品質。

這些理念看似理所當然，不過在現代，能不偷工減料，只求給客人最佳美味的餐廳愈來愈少，我想，正因為「戈比亞諾」能夠堅持著這些理所當然，才能在競爭餐廳層出不窮的區域，成為深受度假客以及當地居民喜愛的餐廳。

而且，魯安娜女士料理時認真的神情，以及接受採訪時的笑容，真的好美好美。

義大利麵堡壘

在馬爾凱，有一家店一定要介紹給大家。

這是一家能端出極品奶油培根義大利麵的餐廳，而且在日本絕對品嘗不到。

會發現這家店，真的很偶然。

這是在二〇一一年，為《我愛義大利》採訪的旅途中所發生的事。當時我們趨車前往採訪地點，正巧時值中午，於是便決定在車上吃帕尼尼打發一餐。穿過馬切拉塔舊街道後，在國道上奔馳了一陣子，想在附近尋找可供外帶的餐廳，結果便發現了「達・羅雷」（Da Lore）這家店。

我們停下車，向店裡的人詢問，對方表示「可以外帶」。

趁著餐廳為我們製作帕尼尼的時候，我參觀了一下店裡的環境。

也正巧是在星期天的午後，一家大小以及與親朋好友們一起享用午餐的客人，讓店裡感覺十分熱鬧。

不過最令人讚嘆的，是店裡的景象與美麗的光影。

「達．羅雷」的這盤料理，嘗過一次就會成為濃醇惡魔口味的俘虜。其實這就是「媽媽味道的奶油培根義大利麵」。

店後頭的窗戶上，為了遮蔽西曬光線，掛上了淡黃色的窗帘。在窗帘的襯托下，西曬光線變得柔和，映照出男侍者的身影、餐桌上的餐盤、擺滿料理的配膳車，每個畫面都像是電影裡的場景。

眼見這美麗的光景，讓人覺得這家餐廳一定是家很棒的店。「不吃帕尼尼了，不如在這裡用午餐吧！」我緊急改變計畫。

雖然還有位子坐，但是因為事先沒有做功課，完全不知道該點些什麼好。抬頭觀望四周，發現有種不知名的義大利麵，每次配膳車經過，上面都有它的身影，很多客人都在享用這種義大利麵。

這道不知名的義大利麵，老實說，第一眼看起來並不怎麼樣。

向男侍者打聽之後，才知道這個是奶油培根義大利麵，是這家餐廳的招牌。不過與一般聽到奶油培根義大利麵，會聯想到濃稠且奶香味十足的模樣相去甚遠。

既然是招牌，當然要來點點看。我二話不說點了這道料理。

不久後，男侍著推著配膳車走了過來。外觀完全不像奶油培根義大利麵的義大利麵，在銀盤子上堆積如山，簡直就像是義大利麵堆成的堡壘一般，上頭還撒上大量的帕馬森起司，以及義大利巴西利（香芹）。

不過接下來才叫精采。十五歲開始便一直在這家餐廳工作的資深男侍者，將義大利麵高高夾起，身手矯捷地分盛著。

分盛完成，熱騰騰的義大利麵冒出熱氣，帕馬森起司以及義大利巴西利美妙的香氣隨之飄散開來，四溢的香氣，把全身上下蠢蠢欲動的細胞都張開。

終於讓人有「看起來好美味」的感覺了。在小盤子上被盛得滿滿的奶油培根義大利麵，足足超過兩百公克。

吃下一口，古亞恰雷（醃漬豬面頰肉）的香味擴散開來，與義大利麵融為一體的帕馬森起司在嘴裡開始跳躍。

盛在盤上的義大利麵份量不少，我原本還擔心吃不完，沒想到一瞬間便從盤子上消失了。高熱量、高脂肪的惡魔美味，實在讓人回味無窮，最可惜的就是吃多可能會造成疾病這個缺點。

當時雖然沒有進行詳細的採訪，不過回國後一回想起馬爾凱的日子，這家餐廳竟意外地給人如此強烈的印象。

當時有稍微與老闆兼主廚——那塔利尼先生聊了一下，他的為人也十分風趣。

夾在麵包裡頭的，是由豬肉與肥肉部分所製成，口感較軟的恰伍斯可洛香腸。搭配麵包一口咬下，不斷滴落的肉汁，恰到好處地滲透進麵包裡，別有一番風味。

「達・羅雷」的老闆兼主廚那塔利尼，親切的笑容魅力十足。

「達・羅雷」店內，籠罩在柔美的光線下。

實在很想再嘗一次那盤奶油培根義大利麵，也想再和那塔利尼多聊聊幾句。

於是，在二〇一二年的夏天，我再度來到了「達・羅雷」。

身材圓滾滾又十分壯碩的那塔利尼，他那親切的笑容還是一如往昔。這天餐廳裡依舊擠滿了當地人，他也十分開心我的再度造訪，盛情歡迎著。

當然還是點了招牌的奶油培根義大利麵，感動地送進嘴裡。

吃到一半，從店後頭的餐桌傳來了小朋友元氣十足的聲音，「奶油培根義大利麵，我全部吃光光囉！」

結果，店裡所有的客人開始乾杯，大家就好像小朋友的家人一樣。

這次用餐結束，終於有機會能與那塔利尼好好講講話。

他說，料理最關鍵的地方，就是「放入感情」。

這個心得，是老媽媽傳授給他的。

而且這種精神不僅用在做料理上，也影響了員工，這正是「達・羅雷」之所以給人一種家庭氣氛的原因。

在他店裡的客人，會像家人一樣聚在一起，齊聲歡笑。我相信，只要吃了那塔利尼製作出來的料理，自然都會笑容滿面吧？

與那塔利尼聊天時，他拿出舊照片，開始說起小時候的往事。他從少年時期一直都是胖胖的，老媽媽的體型也跟他差不多。其中一張照片，是學校自行車比賽的照片，他那足足超過九十公斤的體格，穿著運動服裝，正朝氣蓬勃地騎著公路競速自行車。由於是黑白照片，少年的那塔利尼看起來，簡直就像個默劇電影的喜劇演員。

「起跑當下大家都是齊頭並進，但是抵達終點時，我卻已經看不到其他人了。」他一邊笑著說話的樣子，真的感覺好親切。

那塔利尼就連這樣算是有點丟臉的照片都拿出來，熱情地與我聊天，讓我彷彿更融入「達．羅雷」所營造出來的家庭氣氛。下次我想再來造訪這家餐廳，點點看另一道招牌料理——櫛瓜義大利麵。

令人難忘的，是那一天在這家餐廳請他們製作帕尼尼的事。當中夾的恰伍斯可洛，就是馬爾凱政區的ＩＧＰ（註），該地特有的半熟香腸，這也是絕品，大家一定要記下來。

*ＩＧＰ為義大利針對葡萄酒與橄欖油這類傳統食品的「受保護地理標誌」，農產品和食品在生產（栽培、收穫）、加工、製造的過程，至少有一個階段是在特定地理區域內完成，才得以適用此稱呼。

天然淡菜

「這片大海，就像是我的口袋一樣！」我在馬爾凱政區，波多諾伏大海偶遇的漁夫，極為理所當然地如此説道。年屆72歲，一身黝黑的皮膚散發光澤，不愧為一名漁夫，手臂十分壯碩。每年4月～9月，他都在撈捕天然淡菜（貽貝肉煮熟製成的乾貨），藉由長年以來的經驗與直覺，這片大海何處可捕獲什麼漁穫，他無所不知。

來到夏天的義大利，只要店裡的菜單裡出現克捷（淡菜的義大利文，cozze），就會忍不住點來吃。點了之後，店家大多會端出用大鍋子或大盤子盛裝的酒蒸克捷。海潮的香氣擴散開，籠罩周圍，淡黃色的貝肉探出臉來，令人忍不住嘴角上揚。當然還少不了冰冰涼涼的白酒。既然來到馬爾凱，一定要來杯維爾帝奇歐品種的白酒。

在遇到這位漁夫之前，我完全沒想過自己吃的克捷是天然的還是養殖的。我想八成是養殖的吧，不過這已經足夠美味，我很滿足，所以別無所求。

在波多諾伏附近海岸捕獲的天然淡菜，稱作摩休利（mussel）。而這位漁夫所捕獲的摩休利，與養殖的克捷有點不同。貝殼大小稍微小一點，貝肉也小，連色澤都不像黃色，而是淡淡的土黃色。縱使如此，味道卻完全顛覆外表看起來的樣子，算是濃厚紮實的味道，充滿彈性的口感也非常美味。在鄰近的餐廳，可吃到不同烹調手法的口味。稍微清蒸，再淋上迷迭香風味的橄欖油醬汁，或是撒上麵包粉烤一烤；搭配加入大量胡椒的蕃茄醬食用，也非常美味；當然用檸檬汁與白酒清蒸之後，也能將貝肉風味簡單呈現出來。搭配馬爾凱的名產，坎波菲歐羅內的義式細麵，更會讓人感覺到無比的幸福。

72歲的漁夫還能元氣十足，我想原因就在這裡。

LI VAGNANDI
Quando d'istata vè' li vagnandi
je se fa festa 'm-bó' a tutti quandi;
Perché si' stracco de sta vedènne
cóssóra èsso che va ttorgènne
pe' 'ttónno casa 'ppó a 'nzozzà' tutto,
gnènde je dici: ma guardi vrutto.
Certo che tanda de quéssa jènde
se rènne cóndo ma no' n-fa' gnènde;
e no' gne fréca pe' gnènd'affatto,
... "tando fra u' m-bó' - Fa - ... io me la vatto! -
Se tande 'òrde per caso a piòe,
de rendro casa no' n-te se smòe;
e sse sta' tutti llà rendanàti
parènne proprio li carcerati.
E quanno lora lo sole a rvède,
diventa matti: non cè se crède!
Va' jò lo maro dritti fugati,
... li vedessèste ?!? Pare 'ffamati,
pe' tanda vòja de jì a bbrusciasse
sotta lo sole: fin' a spellasse!
Vedèste i' mmaro comme scialacqua ?!?
Se sgrizza... se mmòlla... se resciacqua...
Però per èsse' 'na mucchja ingòrdi,
se vè' tand'acqua comme bbalordi;
perchè perdaèro 'dè proprio guasti,
che ppe' sta' a mmòllo... sarda li pasti!
Pò' scappa fòra per bè' ssalati,
e cco' 'lle veùte ce s' é purgati.
Ma suddisfatti 'dè ssembre lora;
(pe' 'sse sciapàte no' n-ze 'ddolòra)
vasta che staca jò-ppe' lo maro,
e cce se gnucca finghé fa chjaro.
Ma u' gnórno prima de la partenza,
ce passa pure 'na notte indènza;
portènne addòsso la sonnolenza.
CHIUSO PER
FERMO PESCA
FINO AL
3 OTTOBRE

這是奇維塔諾瓦魚市場的魚店牆壁，前來購買新鮮魚貨的顧客人聲鼎沸。

MARCHE 馬爾凱

只要去過馬爾凱，就會對它神魂顛倒，這麼說真的一點也不為過。以一個觀光地區而言，其發展性甚高，當地居民也都魅力十足。馬爾凱夾尼（馬爾凱人）個性非常溫和親切，即使面對初次見面的人，只要積極接觸，很容易就能跟他們打成一片。

馬爾凱沿著亞得里亞海，是一個南北狹長的政區，長及180公里綿延不斷的海岸線，變化豐富展現出不同風貌。擁有壯麗的教堂建築，還有過去曾為貴族的據點，大小不一的城堡散布在四處各地，而且聽說馬爾凱政區過去也是一個要衝之地。其中的烏爾比諾在文藝復興時期，更被稱頌為「理想城市」，是個藝術與文化之都。位在市中心完成度極高的文藝復興建築公爵宮，現在則成為「國立馬爾凱政區美術館」，除了誕生於當地的天才畫家拉斐爾的繪畫，更有數之不盡的優秀藝術作品，都能在這裡欣賞。市中心更被指定為世界遺產。

經過3000年才繁榮起來的馬切拉塔，地方雖小，卻是個很有魅力的城市。橄欖油與葡萄酒的產量很多，尤以佩科里諾品種的白酒最具特色，辛辣再加上柑橘類的風味，尤其引人入勝。

馬爾凱政區
人口／157萬人面積／9,366 km^2

RISTORANTE GABBIANO

戈比亞諾餐廳

Via 6 Novembre, 256 – 62012 Civitanova Marche (MC)
電話：+39-0733-70113
營業時間：12:15～14:30、20:00～23:00
公休日：星期一休　1月休
www.ristorantegabbiano.it

眼前就是一片奇維塔諾瓦的大海，店裡隨時陳列著新鮮的海鮮。尤其到了度假季，餐廳隨時都客滿。魯安娜女士的料理信念，證明來客都能深刻感受。想要享用義大利亞得里亞海的美味，記得來到這裡，一定會受到熱情的款待！

DA LORE

達．羅雷

Via Nazionale, 34 – Caccamo 62020 Serrapetrona (MC)
電話：+39-0733-905132
營業時間：12:00～15:30、19:30～23:00
公休日：星期天晚上、星期一休　12/24～1/6休

打開店門，這裡便飄散出舒適宜人的時間與氛圍。大家像一家人一樣，歡樂用餐的景象，是現任老闆從老媽媽那裡傳承下來的傳統。只要吃過這裡的奶油培根義大利麵，你就一定會成為他們的家人。

第八章　普利亞／瓦萊・達奧斯塔／坎佩尼亞

不得不愛的三個義大利男子

這是在普利亞的波利尼亞諾．亞．馬雷所舉行的慶典，人們守護著保佑海上平安的聖人聖．維托。

一聽到義大利人，大多數人會浮現時尚、俊帥的印象，但是我在採訪或工作時，卻很少遇見這樣的義大利人。

還有一點，一般人對於義大利人往往抱持著先入為主的觀念，認為他們不愛工作或是很懶散。然而我所遇到的義大利人，大家都熱愛工作，努力勤奮。

義大利人是友善的、享樂的，還有個性開朗，但這幾點並非完全適用在所有人身上。因地區而異，有些地方會出現很難敞開心胸的人，也有風氣嚴謹、耿直的城市。到過義大利許多地方採訪後，讓人愈來愈搞不清楚，所謂「典型的義大利人」究竟是指什麼。

接下來我想要介紹的這三個人，不知是否稱得上是「典型的義大利人」。但是每個人都具有鮮明的個性，我認為唯有在義大利才能遇見。

普利亞的孩子王

吉歐在庭院裡將無花果擰下來，說了句：「你看！」便大剌剌地遞了過來。接受這稍嫌粗糙的歡迎儀式，我展開在普利亞政區（Puglia）的旅程。

歡迎我們到來的是歐拉吉歐，也是負責普利亞導覽工作的喬瓦尼的伯父。遍遊義大利各地區，我認識各種足以被稱為「老頑童」的人物。明明已經是一大把年紀的老爹，卻還是一片赤子之心的人。

到目前為止，吉歐是我所遇過的人當中，「老頑童指數」最高的男人。年齡已經超過七十歲。

待在普利亞時，我們的採訪據點，設在距離政區首府巴里（Bari）約莫五十公里遠，一個名叫作法薩諾（Fasano）的城市的農莊（普利亞特有，利用農園主人的屋子提供住宿的設施）。

吉歐便住在這棟農莊的附近。喬瓦尼說他很想介紹一個人給我們認識，然後便帶著我們一路來到吉歐的家。

但我當時卻完全摸不著頭緒，為什麼要帶我們去認識他。

吉歐並不是生產者或料理人，不是《我愛義大利》的採訪對象。

因為他被喬瓦尼尊為人生導師，所以才會想要第一個介紹給我們認識呢？或者是因為他在城裡人面廣，所以得先去拜拜碼頭吧？我隨意猜測著。

總而言之，看來最好不要惹得吉歐不愉快。

將菲歐羅內摔下來的吉歐。

將菲歐羅內遞過來的吉歐。

結果，一碰面就是粗糙的歡迎禮。歡迎方式十分地不拘小節，不過吉歐遞給我們的無花果，屬於菲歐羅內（早熟無花果）品種，非常好吃。正當令的菲歐羅內，是普利亞頗具代表性的水果。

在普利亞自家的庭院或葡萄田裡，到處都會栽種無花果。一到六月，菲歐羅內就會結實纍纍。

普利耶吉（普利亞人）會直接將菲歐羅內從樹上擰下來吃，他們經常食用。市場或蔬果店也陳列著大量的菲歐羅內，採訪的時候，到處都有人送給我們吃。待在普利亞，真不知道一共吃了多少顆。

菲歐羅內與一般市場上的無花果外表不太一樣，呈現鮮綠色，體積稍大一點。用手一下子就能將皮剝下來，接著就會看到呈現淡淡粉紅色的柔軟果肉。味道與日本的無花果相較，鮮甜味更為明顯。大口咬下，帶著微微草腥味的香氣會刺激著鼻腔，味道十分高雅。果肉分量不少，所以只要吃下幾顆，肚子就會飽到不行。即使知道會撐破肚皮，但那美味還是會令人忍不住伸出手去接。

吉歐一直鼓吹我們多吃幾個、多吃幾個，一而再再而三地將菲歐羅內遞過來，真的叫我招架不住。他一直遞過來，我也只好一直吃。吉歐看著我肚子飽到難受的樣子，一邊嗤笑

是要釣章魚嗎？為什麼用章魚腳作釣餌呢？」

正當我納悶的時候，喬瓦尼對我們解說，這是要用來釣螃蟹，螃蟹是章魚的釣餌。連釣餌都要親手包辦，看樣子，這場釣章魚活動會花很長一段時間。

話說回來，我的確曾經聽說過，在日本海釣時，小章魚會成為螃蟹的釣餌，螃蟹則會成為章魚的釣餌。

吉歐將章魚腳纏好，做成了兩根釣具，當然一根是他要自己用的。我、萬田先生、喬瓦尼三個人，看來得輪流使用一根。

為了走在布滿礁石的岸邊，吉歐為我們準備了長靴，但卻不夠我們幾個人穿。無計可施下，我只好穿著運動鞋下海。

接下來，吉歐把我們丟在一邊，自己快步走向有海浪的地方，啪噠啪噠地下水去了。我們只好跟在他的後頭。

吉歐的長靴進了水，但他卻完全不以為意，繼續往礁石上走去。

然後，吉歐停下腳步，將纏有章魚腳的棒子，往礁石陰影處一插，暫停動作觀察了一下，如果沒有任何反應，就馬上往下一個釣魚點前進。我們幾個人輪流使用另一根纏有章魚腳的棒子，有樣學樣地開始嘗試捕抓螃蟹。

我們搞不清楚到底哪裡是釣魚點，甚至不知道能夠抓到怎樣的螃蟹，總之，就是將棒子往礁石陰影處插。

過了一段時間後，吉歐抓到了與梭子蟹同科約五公分大的螃蟹，用繩子綁起來，往前方不遠處的大海裡丟，看來現在要開始釣章魚了。喬瓦尼也一樣，將用繩子綁起來的螃蟹丟進海裡，跟在吉歐後頭，重複著相同的動作。從遠處看著兩人的動作，就像是孩子王與後頭的跟屁蟲，感覺真的好親切。話說回來，我們正像是跟屁蟲後頭的跟屁蟲。

於是我們有樣學樣，開始嘗試釣章魚，不過並不簡單。好一段時間都沒有任何成果，只好空著手走回海岸邊。

不久後，吉歐也回來了，手裡提著一個袋子。袋子裡頭裝著許多的小螃蟹，似乎是突然改變作戰方針，捕了大量的小螃蟹。這樣至少自己的晚餐菜色就不用愁了。

那種表情只能用「不然你有意見嗎？」這幾個字來形容，果然是個不折不扣的「孩子王」。玩遊戲只要自己高興就好。到了這把歲數，居然讓我親身見識到。

對我們來說，這一天終究只是去玩玩水，感覺還不錯的一天。當然，也無法完成《我愛義大利》的採訪報導。

不過回國後想想，在普利亞認識的「孩子王」吉歐，隨著那鮮明的無花果風味，讓他成

從「雷・塞可雷伊爾莊園式旅館」遠望奧斯塔群山。

為了令人難忘的可愛人物。

除此之外，吉歐大剌剌地將菲歐羅內遞過來的照片，我則決定用來當作《我愛義大利》普利亞特集的封面。

家人的信任最珍貴

「埃庫羅伊爾斯莊園式旅館」（Agriturismo Les Ecureuils）位在瓦萊．達奧斯塔政區（Valle D'Aosta）的高山地區，標高一五〇〇公尺的聖皮埃赫（Saint Pierre）。

造訪此處時，正值二〇一二年三月初。本來應該還是殘雪的季節，但這一年雪溶得快，很遺憾無法見到在春陽照射下閃閃發光的雪景，也無法看見百花盛開的春景。歡迎我們來到的，是山頭一片光禿禿的寂寥景象。

老闆沛沛先生是個特別的人，因為這個政區民風嚴謹，很多人在第一次見面時，都是板著一張臉很嚴肅的表情，不過他從一開始態度便和藹可親，看得出來為人溫良敦厚。

老闆娘葛蘿莉女士肌膚漂亮有光澤，姿態優美，十分有教養，外表給人很好相處的感覺。

兩位結縭早已超過四十年，依舊感情和睦。彼此的步調一致，互信互敬的模樣，很自然地流露出來。

許多客人喜愛這一家人的溫暖款待、料理、美麗山景，因而來到這家旅館。除了暑期旺季之外，就連嚴寒的冬季，客人也絡繹不絕。總而言之，就是個「賓至如歸的旅館」。

曾經身為公務員的沛沛先生與葛蘿莉女士，因為工作的關係結識，進而結婚。婚後，他們曾在奧斯塔（Aosta）市內經營啤酒吧，那家店結束營業後，才開始經營莊園式旅館，已經將近三十年。

當初打算全家人一起生活還能兼顧工作，於是選擇了莊園式旅館的生意。正好兒子皮耶特羅先生，也剛從瑞士學習農業歸國。

一家人從城市移居到標高一五〇〇公尺高的山區，剛交屋的時候，山中小屋幾乎可說是家徒四壁。

如果只是自己要住的房子，簡單整理一下即可。但是這裡是迎接客人的地方，為了讓這裡成為安全且舒適的旅館，打從堆砌石塊與磚瓦，乃至於房間內裝潢，全家人一步一腳印地著手改建。

看到周遭的環境，就能體會這著實是項困難的工作，因為住在山區，施作方式有別於平

從他們身上學習到的夫婦相處之道，就是「互助互信」。

由兒子皮耶特羅先生照料的山羊，再由媳婦莎德拉女士製作極品起司。

地的環境。

一家人不斷辛苦努力的結果，使得「埃庫羅伊爾斯莊園式旅館」成為石頭與磚瓦打造而成的堅固建築，更是裝潢舒適的人氣旅館。許多客人經常回來光顧。

因為不是位在便利的度假地區，而且開業當時，莊園式旅館尚未廣為人知。近三十年來，他們遇過不少困境。

不過沛沛先生完全不為所動。當初開始經營莊園式旅館全是為了家人著想，家人也一直很相信沛沛先生。

聽完這段故事，讓我感受到沛沛先生的強大信念。很難想像在他溫柔的表情下，居然如此堅強。

經年累月一點一滴累積下來的，不只有克服寒冬的石頭與磚瓦，更是家人與客人心靈得以獲得慰藉的棲身之所。與家人之間的親情，以及與客人間的信任關係，都在不斷茁壯著。

採訪時，沛沛先生一直待在葛蘿莉女士身旁，注意著她的一舉一動，不時給予一些關心。葛蘿莉女士也會對著沛沛先生，用甜甜的微笑來加以回報。

兒子皮耶特羅先生這麼說：

「在義大利，家人的信任是最重要的。」

當持我在採訪筆記上這樣寫著：所謂的真男人，就是類似沛沛先生這樣，內心強大，擁有堅定信念與志願的男人。

晚餐享用了葛蘿莉女士的親手料理。包括她拿手的菜色，紅酒煮野生鴨肉（亞那多拉・印・西維）等等，滋味豐富的瓦萊・達奧斯塔的鄉村料理，每一樣都好吃的不得了。

背負悲傷的男人

褲子前方的鈕扣半開，皮帶反扣，看到這身打扮著實令我嚇了一跳。

坎佩尼亞（Campania）奇倫托地區（Cilento）的聖・馬奧羅（San Mauro）附近，是橄欖油的產地。

管理這些生產者的奇倫托橄欖油協會會長，就是耶里歐・達斯克多先生，他的頭微微歪向右側，有點靦腆地出現在我們面前。臉上的大鼻子十分顯目，可以看出他是個很認真的人。

「奇倫托的人大多比較木訥，這一帶尤其特別！」他這麼說。

由這種木訥老爹所經營的三百四十家橄欖油生產工廠，全由耶里歐統一管理，他每天努

「奇倫托橄欖油的風味以及傳統，就靠我們來守護。」這是一群熱情的男人。左起第六位為耶里歐先生。

力不懈，為的是將奇倫托生產的橄欖油優點發揚光大。

這群木訥老爹組成的協會，所販售的是完全遵照標準製造而成的橄欖油。這個地區代代相傳的傳統橄欖共有四種，主要為羅多德拉品種，品質有一定的水準，價值年年高漲。近年來，在義大利，便宜量產的橄欖油市佔率明顯上升，甚至出現了粗糙劣質品。專家們紛紛為這種情形提出警告，政府也苦思焦慮提出因應措施，像耶里歐一群人這樣，頑固地堅守品質，無論在生產方面，或是在銷售方面，都得勞心勞力才行。

前去採訪當天，這群木訥老爹聚在一起，好像在舉辦讀書會的樣子。詳細的讀書會內容不得而知，不過似乎是在進行許多案例的報告，同時不斷進行議論。這一帶有當地的風俗民情，繼承古希臘人血脈的意識十分強烈。因此，很多人喜歡發表、談論自己的想法。

結束耶里歐先生的採訪，我們開始拍攝橄欖園，發現了一棵巨大的橄欖樹，據說樹齡已經超過百年。我拜託他們：「可以請你們抱著這棵樹嗎？」沒想到他們一點也不排斥，依我所言照做了。「這樣拍可以嗎？」我請他們擺出各種姿勢，也都十分配合。不過另一位生產者，年輕的雷那多先生，則有點興趣缺缺的模樣。

即使在這種時候，耶里歐仍然覺得他有使命得為他們的橄欖發聲，就連我天馬行空的要求都願意全力配合。

結束拍攝後，耶里歐突然說要帶我們去一個他很喜歡的地方。那個地方，就是可將美麗海岸線一覽無遺的高台。距離日落還有一點時間，美麗的夕陽餘暉，將大海染成一片橘黃。

我彷彿看見了，歐內斯特．海明威所熱愛的海邊城鎮——阿西亞羅利。真是一片令人忘我的景色。

「你常來這裡嗎？」

「每個男人，都背負著一些悲傷。但是只要一個人來到這裡，就能暫時忘記悲傷。」耶里歐這樣回答我。

哇，真是帥呆了！

雖然我無法想像他的悲傷為何，說不定，當他在煩惱如何管理那群如石頭般頑固的老爹，就會到這裡遠眺這番景色吧？

雖然牛仔褲的鈕扣依舊是半開的模樣，不過我覺得耶里歐先生真是個不折不扣的義大利帥大叔。

橄欖！我愛你！

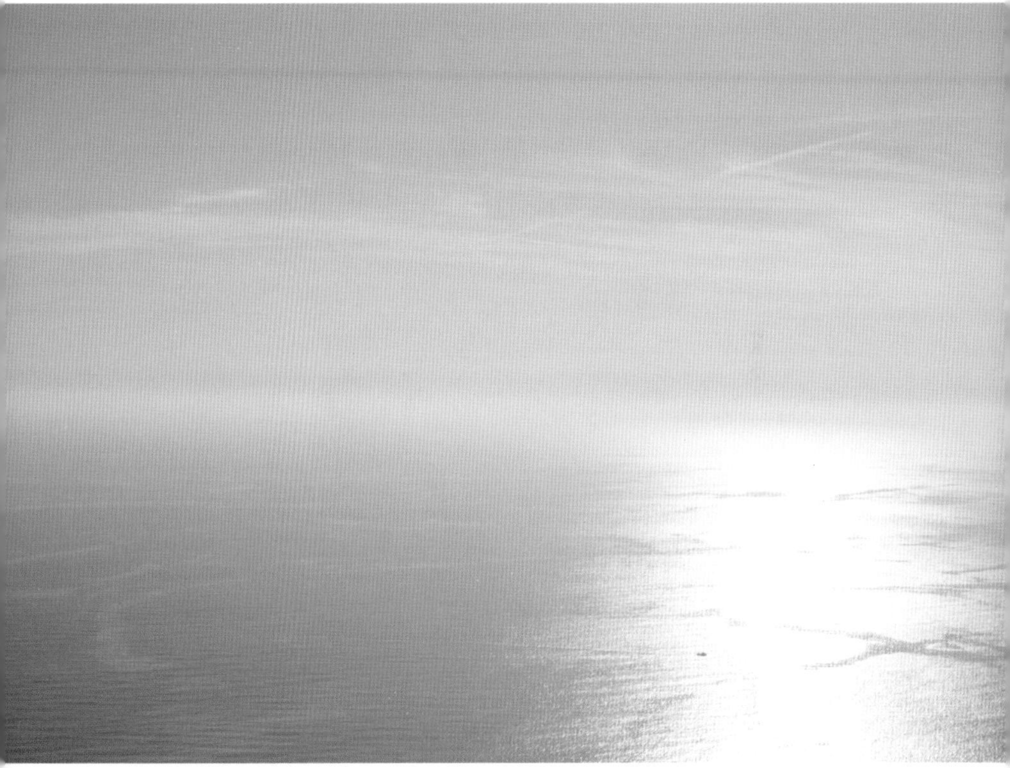

小説家——歐內斯特・海明威所熱愛的阿西亞羅利海。

PUGLIA 普利亞

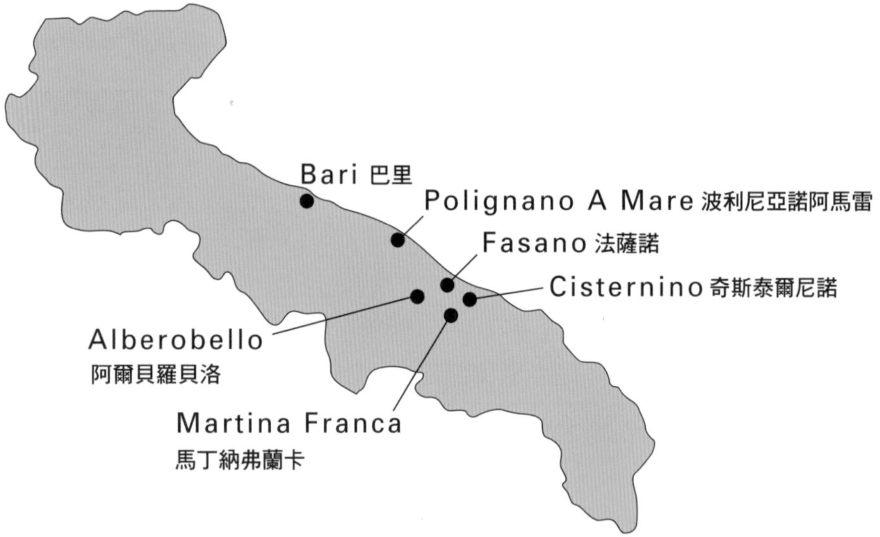

若將卡拉布里亞當作腳尖，普利亞則是位在義大利半島的腳跟部位。被稱作伊特雅盆地的這個地區，擁有許多精彩景點，例如土利屋（由石頭堆砌而成，尖屋頂為一大特色的房屋）佇立的阿爾貝羅貝洛、白牆城鎮的奇斯泰爾尼諾、保留著美麗古老街道的馬丁納弗蘭卡等等。這個政區的平地佔了一半以上的面積，盆地與山坡交織的田園風景，正是它的魅力之一。

普利亞可說是義大利的食材倉庫，是個食材豐富的政區。橄欖、蕃茄、綠花椰菜、菊苣、茴香、無花果、哈蜜瓜、櫻桃、葡萄、杏仁等蔬菜及水果的產量豐盛，同時也是義大利漁獲量數一數二的政區。義大利麵更可供應全歐洲所需。

普利亞料理的特色，就是多樣化的開胃菜大多使用蔬菜製作而成。用盡巧思，使餐桌看起來更豐盛，容易使人飽腹。這就是古代貧困農民的生活智慧。

普利亞政區
人口／**408萬人**　面積／**19,358 km^2**

VALLE D'AOSTA
瓦萊．達奧斯塔

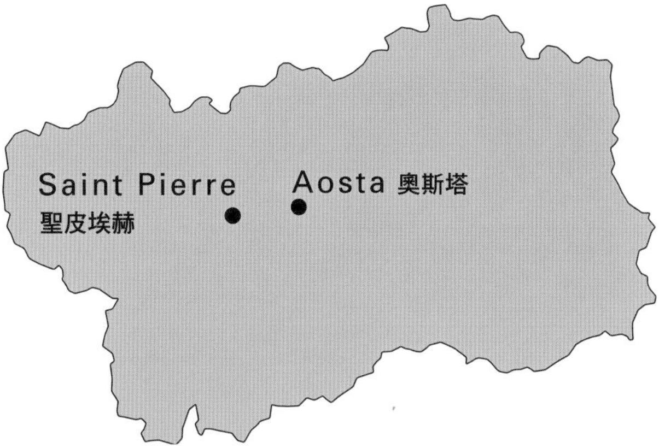

位於義大利西北部的政區，在歷史上的地位，曾長期屬於法國領土，法語與義大利語同樣被視為官方語言。與法國國境隔著白朗峰，與瑞士國境間則聳立著羅莎峰，奧斯塔盆地在世界最高峰環繞之下，自羅馬帝國時代開始，便成為越過阿爾卑斯山的要衝，十分繁榮。沿著盆地，現今乃保留著的保壘，就是這條防禦線上的據點。除此之外，奧斯塔還能看見許多古羅馬的遺跡。

「芳汀那起司」為沃爾多斯塔尼（奧斯塔人）餐桌上不可或缺的食材。於本書第六章，皮埃蒙特介紹文章中曾出場的「玉米糊」，裡頭便大量使用了芳汀那起司。

利用獨特作法製成的香腸、「摩切塔」臘肉、內含甜菜根與馬鈴薯的「布丹」香腸、利用香草增加香氣的「豬背脂」等等，這些屬於積雪厚重嚴寒地區的保存食物，切成薄片就是一道開胃菜。

瓦萊．達奧斯塔政區
人口／12萬人　面積／3,263 km²

CAMPANIA 坎佩尼亞

擁有代表南義大利大都市拿坡里的坎佩尼亞，世界著名旅遊景點不勝枚舉，例如充滿歷史且風光明媚的拿坡里、以藍色洞窟聞名的卡普里島群島、龐貝遺跡、阿瑪菲海岸、宮殿林立的城市、卡塞塔與帕埃斯圖姆等地的古羅馬神殿……。光是希臘羅馬時代開始繁榮起來的地方，就有許多引人入勝之處。

莎雷諾省的奇倫托地區，也是個不容錯過的地方。位在阿瑪菲海岸南方的奇倫托，從拿坡里驅車前往足足要3個小時左右。沙灘優雅迷人的海岸線，以及礁石神秘的成群洞窟，還有保留野生大自然的群山等等，即使同在坎佩尼亞，卻有著截然不同的面貌。在緩慢流逝的時光下，有著一群開朗大方且親切的居民。雖是個觀光地區，但卻不像拿坡里那般雜亂無章。在拿坡里吃披薩是一種享受，不過只要再往前跨一大步，來到地中海式減肥的發源地，到奇倫托品嘗蔬菜與豆類的慢食，也別有一番樂趣。

坎佩尼亞政區

人口／**607**萬人　面積／**13,595 km²**

●瓦萊・達奧斯塔

AGRITURISMO LES ECUREUILS

埃庫羅伊爾斯莊園式旅館

Fraz. Homene Dessus, 8 – Saint Pierre (AO)
電話：+39-0165-903831
營業時間：全年無休

想要遠離市區，度過寧靜時光，只要造訪這裡，遠眺宏偉的群山，就能與大自然面對面交流，內心自然也能沈靜下來。接著，再來品嘗令人感動且口味豐富的山區料理，一定能讓你感受到這段時間特別幸福。悄悄觀察夫妻兩人的身影，說不定還能體會到兩人之間堅定的愛情與溫情。

●坎佩尼亞

COOPERATIVA AGRICOLA NUOVO CILENTO AL FRANTOIO

克佩拉替瓦，亞葛利克拉，奴歐沃・奇倫托・亞爾・法蘭多伊歐

LocalitaOrtale -84070 San Mauro Cilento (SA)
電話：+39-0974-903243
營業時間：冬季8:00～17:00（星期六、日～24:00）、夏季8:00～24:00、餐廳12:00～15:00・19:00～24:00　1/1、12/25復活節隔週的星期天休
www.cilentoverde.com/

這間販售橄欖油的商店，還兼設餐廳，可享用到當地的鄉村料理。負責烹調的廚師為卡爾梅拉女士。可以品嘗到這片土地自古流傳至今，以蔬菜與豆類為主，充滿先人智慧且營養價值極高的簡樸料理。記得要淋上大量的橄欖油一起吃！

結語　《我愛義大利》獨立雜誌

二〇〇六年一月，我辭掉了工作十三年的出版社。

我一直認為，像我這種自私又任性的個性，實在無法勝任上班族的角色，所以等到時機成熟，便辭去工作。

但我對於未來靠什麼而活，如何養家活口，根本沒有具體的計畫。

只是想試試前無來者的創舉，秉持著這種標新立異的精神，想將自己的聲音表達出來，僅此而已。

總之，我後來創立了一人公司。

這家公司要做些什麼，表達什麼訴求，我毫無頭緒，日子就這麼一天天過去。

受惠於工作伙伴介紹，我接到了編輯與廣告的工作，才不致於窮困潦倒。

但是，在我腦中經常被幾個名詞給牽絆著。我試著利用這些名詞思考推敲，結果，最後出現的名詞就是「義大利」。

我非常喜歡義大利。

我想用屬於自己的語言，將義大利介紹給大家。

我將範圍縮小在媒體上，認為透過免費的獨立雜誌，將理念推廣至全世界，會是最恰當的方式。因為自離開公司，我推出過數本免費獨立雜誌，回響熱烈，令人念念不忘。

免費獨立雜誌會這麼吸引我，主要是因為透過不同的作法，就能免於綁手綁腳的困境。

與一般雜誌相較之下，本身得靠廣告支撐才得以發行的免費獨立雜誌，規定與限制其實更多。不過我自己卻不自覺地，將「FREE」這個名詞，用「自由編輯」的意思來作另一番詮釋。

上班族時代最令我印象深刻的，就是出版業界不景氣的情形十分嚴峻，所以，編輯認為有趣而得以發行的雜誌，愈來愈少見。

既然要以免費獨立雜誌的型態推出，再加上是一人公司，受限的部分應該不多。我便順著這股「感覺很有趣」的初期衝動，製作《我愛義大利》（イタリア好き）這本雜誌。廣告方面，只要贊助商認為這是本好看的雜誌，自然會給予我協助。

當然，我也會感到不安。

如果讓真正熱愛義大利的人看這本雜誌，就會發現我熱愛義大利的程度尚屬幼稚園等級，前往義大利旅行的次數也不足掛齒。一個人的旅行只去過幾次，其餘頂多是因為某些原因，為了公司的工作前去出差。

像我這個樣子，能夠寫出什麼內容，來滿足熱愛義大利的人呢？還有，廣告商會找上門嗎？

儘管如此，依舊讓我如此執著於義大利的原因，全是因為一個難忘的回憶。

當年我還是個上班族，某回出差義大利的時候，認識了一位攝影記者篠利幸先生。篠先生出版過幾本義大利相關書籍，在與義大利有關的活動圈中，是個名聲響亮的人士。看到篠先生在義大利攝影的模樣，大大改變了我對義大利的印象。

我與篠先生兩個人在西西里島旅行兼採訪時，發生了一件事。

當時，我們身在因電影《真愛伴我行》（Malèna）而聞名的敘拉古（Siracusa）。那天正值盛夏，陽光刺眼，氣溫也很高。不過在建築物與建築物之間形成的陰影，形成了海風的通道，涼爽又舒適。

我們在敘拉古這座城市的小巷子裡，偶遇了當地居民與住在附近的家人，一同享用午餐的場景。拿起相機對著他們，問了一句：「可以讓我們拍張照片嗎？」「可以、可以！」對方向我們露出了真切的笑容。

篠先生與這群人一邊聊著天，同時拍下了數張照片。

拍攝完畢後，「雖然食物所剩不多了，不過要不要來喝杯葡萄酒啊？」他們說完，便把玻璃杯遞了過來。

擅長義大利語的篠先生，慢慢地與一伙人打成一片，大概是為了歡迎篠先生，不知不覺間，他們將家裡所有的料理以及葡萄酒全端了出來，儼然是一場小型宴會。

心情愉快的篠先生，從容不迫地唱起義大利民謠，突然間，一旁的大嬸出聲制止。「我唱得比較好聽！」一說完，開始用完全不同於說話聲音的美妙歌喉唱起歌來。篠先生也不甘勢弱大聲唱歌。我只能笑著看熱鬧，但其實在當下，感動與興奮之情是無可比擬的，內心十分震撼。

在司空見慣的小巷子裡，在平凡無奇的時空下，透過這種方式認識朋友。不禁令我重新省思，這才是旅行的意義。

而且能夠滿足這種旅行，充滿許多可能性的，唯有義大利。

同時，義大利對我而言，不再只是個欣賞遺跡、名勝、美術品，還有上餐廳品嘗美食，甚至於購買名牌與各式優質產品的地方。義大利，讓我想在旅行時，認識住在鄉村平凡城市裡的人們，感受當地的氣氛。

會持續出版《我愛義大利》這本免費獨立雜誌的原因，正是因為想要重溫我與篠先生，在西西里島旅行時的興奮與感動。另外還想透過《我愛義大利》，將這種興奮與感動傳達出去。

《我愛義大利》所介紹的景點，都不是眾所皆知的觀光地區，也不是米其林幾星的餐廳。

而是住在當地的人們，以及當地人所熱愛的風景、飲食、生活，還有支撐這一切的人們。我把其中令我深受感動的部分，編輯成為雜誌的主要內容。

透過《我愛義大利》的採訪，讓我領悟到一件事。

每個人都應該要盡情享受生活。每回在義大利的地方都市或鄉下，邂逅內心豐盈的人，都會覺得他們很會享受人生。為孕育自己的土地感到驕傲，深愛著家人與親友，重視人與人之間的感情而生活著。雖然並非事事順心如意，但是守護著這樣的生活，不也等同於享受人生嗎？

義大利人給人的這種感覺，我想是值得學習的一種快樂生活技巧。

來往義大利與日本期間，我也見識到義大利社會必須面對的現實面。尤其目前正值歐洲經濟衰退之際，經濟面的問題十分嚴重。南北也有很大的落差。

縱使如此，每次到訪，義大利總是會展露全新的魅力，所以《我愛義大利》怎麼能不繼續做下去？

這本書的原稿，大部分都是在翁布利亞政區，阿美利亞的「聖・克利斯多佛莊園式旅館」完成的。第二章也曾寫道，這家旅館的老闆朱利歐・馬奇尼，與篠先生一樣，都是促成我發行《我愛義大利》創刊號的關鍵人物之一。所以待在這間旅館，會讓我特別想寫些東西。

在朱利歐、出色的環境、美味健康餐點，天時地利人和的推波助瀾下，希望原稿可以寫得更為優秀。

利用本書出版之際，首先要感謝《我愛義大利》的各位讀者。

還有從創刊號企畫階段，便一直陪同採訪至今的作家板倉由末子女士、攝影師萬田康文先生、設計師駿東宏先生，甚至於其他參與的每一個人，真的非常感謝你們。

另外也要藉著這本書的出版，向一直非常了解《我愛義大利》、擬定企畫、協助編輯，此外還仔細修改我那拙劣文筆、確認細枝末節的前輩——前田慎二先生、渡邊伊沙子小姊、east press的河井好見先生，致上最高的謝意。

最後，還要向各位購買本書的「義大利熱愛」讀者們，說一聲謝謝！

松本浩明

國家圖書館出版品預行編目資料

義大利,不只有披薩：深入「慢半拍」的義式生活哲學／松本浩明著；蔡麗蓉譯.
-- 初版. -- 新北市：世潮, 2020.08
面； 公分. --（閱讀世界；34）
ISBN 978-986-259-072-0（平裝）

1.飲食風俗 2.文化 3.義大利

538.7845 109008461

閱讀世界34

義大利，不只有披薩：深入「慢半拍」的義式生活哲學

作　　者／松本浩明
攝　　影／萬田康文
譯　　者／蔡麗蓉
主　　編／楊鈺儀
責任編輯／李芸
封面設計／季曉彤
出 版 者／世潮出版有限公司
地　　址／(231)新北市新店區民生路19號5樓
電　　話／(02)2218-3277
傳　　真／(02)2218-3239（訂書專線）、(02)2218-7539
劃撥帳號／17528093
戶　　名／世潮出版有限公司
世茂網站／www.coolbooks.com.tw
排版製版／辰皓國際出版製作有限公司
印　　刷／凌祥彩色印刷股份有限公司
初版一刷／2020年8月

ＩＳＢＮ／978-986-259-072-0
定　　價／340元